张爱玲传

长的是磨难，短的是人生

桑妮 著

中国友谊出版公司

目录

C O N T E N T S

引言

我用『高山仰止』般的心倾慕着她

友人曾不止一次地说，我是个寡淡至极的人。常常，我不予否认。

诚然，于我，真的很难喜欢一个人、一个东西、一件事情。但是，一旦心生了欢喜，就会变得难以停止。譬如，我喜欢张爱玲。

从情窦初开的年纪，到如今的而立之年。经年岁月里，她如同祖母留存下来的银镯子般亮闪闪地印在我的心尖。

我曾将关于她的所有文章逐字逐句阅读，不厌其烦，不知困倦，且常读常新。

我曾将她描摹过的穿着一一照仿。然而，笨拙的手工，不算冷傲的眸子，总是让我独异于人群。

我曾不止一次前往上海，造访她那座朱门深掩、弥漫着个人气息的公寓。晨昏日暮，流连忘返。

于张爱玲，我是这般长情。

我不喜欢的胡兰成如是说："世上但凡有一句话、一件事，是关于张爱玲的，便皆成为好。"这个伤了张爱玲的男子，却说中了我的心坎。

但是，我依然厌烦他至极。我想，这便是所谓的"爱屋及乌"吧。

对于张爱玲，我自始至终都怀着一份"高山仰止，景行行止，虽不能至，然心之向往"的心仰慕着她。而今，我将斗胆以一支笨拙的笔写她那片雾霭桃花，真真是心胆俱颤啊。

我亦曾说服自己放弃，只用心默默与之私语，足矣。然而，内心时常如有一只小鹿般上蹿下跳。那些与其相语的话，不诉不快；她的气息、她的点点胭脂红，让我清澈地看到她生命的质地，以及那枝丫末端丝丝缕缕的皱褶和阴影。

如此，我便无论如何都说服不了自己。

长长久久的时日里，她如同一块磁石，附着在我身体的内里。

我以记忆的方式，将她的过往一点一滴地呈现。煊赫旧家声里的稚幼孩童，孤单地立在苍凉天空下的小女孩，写就森然《第一炉香》的才情少女，低至尘埃开出花朵的情窦女子，遭遇爱情背叛的孤寂少妇，以及乱世之中独自生存的、颠沛流离的、与赖雅相伴的、孤独终老的妇人……

她多舛的人生，如同她那支锐笔下的故事，某些苍凉和痛，皆是那么直指人心。

然而，我亦知，张爱玲这三个字当中的粉红骇绿。

承她衣钵的香港女作家李碧华说过："张爱玲是一口掘之不尽的苦井，而且大方，谁都可以来淘，但谁也淘不尽。"她又说，"每以鹤姿仰视，冷静、自信、独立，而且毒辣。我们永远见不着她顶上的朱红。"

一语下，人仿若尽见了张爱玲从稚嫩、蜕变、繁茂，直至荒凉的过程，真教人为"她的顶天立地，世界都要起六种震动"而心惊肉跳！

不过，我亦知她吃五谷杂粮，着明艳衣衫，谈世间情爱；虽不浸红尘雾霭，却亦可在那浮生中一片姹紫嫣红、纸醉金迷中，自顾自地高贵静默着。并且，丧乱的时势、意乱的家庭、离乱的世相，一一都被她在那"少年诗赋动江关"的文字中排遣开来。

由是，再拒人千里之外的心境，亦有了让后人有迹可循的痕。

你若慢慢循，循到深处、内里，便会惊觉，这个旷世才女，骨子里仍只是个女子，一个委曲求全容易受伤的女子。那一刻，你便觉得和她近了。于是，对有着如烟花般灿烂又寂寞人生的她的怜悯、心疼，都油然而生了。

遂，爱她，仰慕她。

序篇

苍凉的底色

岁暮，夜凉如水。

我以蜷曲的姿势倾窝在沙发里，看昏暗的荧幕上《滚滚红尘》中那对男女上演爱恨纠葛的故事。这是三毛作为编剧，以张爱玲和胡兰成为原型改编的电影。

看得入迷，依稀在沈韶华回头看章能才的瞬间，看到了张爱玲：明黄的宽袍大袖，华美的云朵盘头；黑色绸底上嵌着桃红的边，青灰长裙，淡黄玳瑁眼镜；如意镶边的宝蓝配苹果绿的绣花袄裤……

她于雾霭红尘中，深情地回头看房东太太客厅里的能才。眼中有了雾水，明晃晃的灯光，似乎将前尘、过往、将来都照透般晃闪在她心底。

我知道，这是我的臆想。

其实，于我心底多想她在初遇胡兰成的那刻，便可通晓她和他之间的世相、洞明她和他之间的世事。如此，她便不至于被他伤了心、伤了身、伤了灵性。

然而，一切都是注定。

我断无回天之术，亦无法让时光倒流。她和他走过的那段甚为神伤的岁月，仍然在历史的长廊里寂寞地演绎着。

万千人可见！

她因他而走过那长长久久的苍茫的寂寂岁月，依旧如那一抹蝇子血般的猩红横在她人生里，让人难以忘怀。

我知道，我无法替当事人的她来评价胡的好坏。诚然，还有一个爱情里无以论好坏的调调在呢。但是，因为可以在几十年后纵观她的人生轨迹，便真心觉得胡的坏来。

试想，若是当年她以23岁韶华好年纪路遇的不是风流倜傥的他，她的人生便不会因此十几年晦暗苍凉，亦不会十几年里，爱不了人，也不让人爱。虽然她生来喜僻，不喜应酬交际，然而，断不会那般拒人于千里之外。

她原是爱慕这个世界的。要不，她怎会言："我立在阳台上，在黯蓝的月光里看那张照片，照片里的笑，似乎有蔑视的意味，然而那注视里还是有对这世界难言的恋慕。"

只是，这尘世再繁华，终抵不过情伤过后的苍凉。于是，她在岁月的时光里随手一揭，就让我们望见了似锦的幕布后哀凉的人生荒漠。她在其间走，如同三毛在撒哈拉沙漠里行走一般。外人看似全然都是寂寞，然而，于她们内心深处却是自我温情。

由此，我曾不止一次地跟亦是“张迷”的学弟学妹们讲，其实张爱玲的苍凉，绝不是一般意义上的那股子苍凉，灰的、暗的、淡的、恍惚的、迷离的……都不是。而是，五光十色的、温暖的、舒适的，是让人不由得沉醉下去的那种。如那封云轩信笺上的一滴泪珠，入眼间，是一抹红黄的湿晕，如此美，如此惊艳！

学弟学妹们常常会被我这论调惊得目瞪口呆，继而折服。仅那么一次，一个张扬的学妹，表示异议。她说，再美，再惊艳，她的人生也逃不过“苍凉”二字呀。说到底，终归是“苍凉”得让人心疼啊！

顿时，我语塞喉咙，如同咽下了一团无法溶解的纸团。

是呀！她的人生，她的苍凉如同荒漠的人生，再是被我以温情美化，终究改变不了既定的局。我只是太过爱惜她、疼惜她，才这般武断地为她千疮百孔的人生“织锦刺绣”。

而她自己，并未如此。

与我相比，她那一手犀利又华丽的文字，怎不会将自己的人生编排得如玉似翠般华美精致呢。

只因她早就洞悉世态。17岁，就已窥测。那一年，她曾写下折服世人的句子：生命是一袭华美的袍，爬满了虱子。要知道，这样的内省，绝对跟胡兰成无任何关系，而是跟她的成长相关。

写至于此，我便看见了那个躲在阴暗墙角处的小小张爱玲。

她正用一双凌厉的眸子，看高高围墙之内有着湿答答苔藓痕的男女老少们的人情世故。并且，通过他们之间嘈杂的闲言碎语来阅读理解这个荒凉的人生。

亦看见那个自小就由心生出“繁华无可挽回”这样心思的敏感张爱玲。那时，她睡觉误了放鞭炮，于是“觉得一切的繁华都已经成了过去，我没有份了，躺在床上哭了又哭，不肯起来，最后被拉了起来，坐在小藤椅上，人家替我穿上新鞋的时候还是哭——即使穿上新鞋也赶不上了”。

如此看来，她的“荒凉”底色，自孩童时便已打上烙印。要不她不会这般对美好事物心生惋惜。

于是乎，一个泛着墨香的，氤着湿润苍凉气息、阴郁的人生故事，在她的小小世界里一幕幕上演，如同黑白默片。那昔日的辉煌在“蹉跎慕容色，煊赫旧家声”的慨叹中，飞金走彩、沧桑堆积；将那都市中千般繁华下的满目苍凉、温柔富贵中的凄清哀婉，于貌似漫不经心的描绘中，刺在了世人的心尖上。

如同醉在那紫色缎子屏风上的织金云朵里的鸟。气息虽漂浮着腐烂的味道，却也在她苍凉的人生底色里凭空擎出了一只金漆托盘。

能令人如此的张爱玲，真真是魔力无限!

记不得谁写过的词：“思往事，记惺忪。看灯人异去年容。可恨莺儿频换梦，情丝轻袅断魂风。”但是，我清楚地知道，我将如一个深情的男子般与她有一个温情的相约。

就请，远在天际的张爱玲，给我一个隔空对话的美好约会。

我们不诉离别。

第一章

蹉跎慕容色，煊赫旧家声

我站在时间的荒野上，
看见一条潺潺而流的河。
临水照影间，她依稀可见，
那样地静美、冷傲、凌厉、凄楚，
于是，
我屏住呼吸，不动，
只感知她如水般流入我的心海，
带着她的故事……

重门深深，华丽苍凉

1920年秋天的上海，张爱玲出生在重门深掩、帘幕低垂的张公馆。

这时的历史舞台上，还上演着民国那些旖旎悱恻的故事。虽然，高楼已经林立，西式建筑亦充斥着上海滩，但是一个个弥漫着封建历史尘埃的家族仍在。即便它们住着或哥特式的建筑，或奢华的欧式风格建筑……它们骨子里，却仍存留着遗少贵族的气派。

由是，那时节，在现实之外，人们透过那深掩的朱门看过去，感受到的仍旧是一派浓稠得化不开的奢逸风光。

然而这一年，张家确确实实地正从繁华走向没落。

而我，在时光之外，隔着100多年的时光，拨云抹雾地看到这座青砖高墙、亮晃晃透明玻璃的西式洋房的内里，清朝遗少、姨太太、家庭破败、鸦片、种种残缺、颓废……

从那边厢传出她微弱的婴儿啼哭声，仔细辨，还能听出一丝荒凉来。接下来的日子，她将以“美丽而苍凉”的姿态，来体验这座豪门深宅内的生之岁月。人说，“一进豪门深似海”。说的是拼却性命、有着俊俏红颜只为进豪门的那些烟花般美好的女子。然而，对于出生于没落豪门中的张爱玲，未免不是这般“深似海”的凄冷感受。

有人将那时的张公馆比作遍身散发着冷冷光泽的青花瓷，冷而大空，不见一点儿温暖的肌理。我自认这比喻再精准不过。

那座透着荣华富贵的西式洋房，地处当时公共租界，近温婉的苏州河。是那声名赫赫的大臣李鸿章留给后代的唯一财富。当年，作为张爱玲祖母的陪嫁留存在了张家的地盘里。试想，其时的气派何等羡煞世人眼。然而，费力地推开那扇掩着的朱门，你看到的却是另一番混浊的世相。

封建家庭的衰败、没落，世态人情的炎凉，生命交错的起伏与哀伤，以及那些属于遗老遗少的病态的人、事，渐渐腐蚀了成长着的小张爱玲的心灵，并日趋成为吞噬撕咬着她的切肤之痛。于是，我们看到了她令人眼湿的句子：“有阳光的地方让人瞌睡，阴暗的地方有古墓的清凉。”

这是她对童年记忆的叙述。

由此，我们亦知，生在那样的家庭里她的不幸与失落。

而她在多年后，和好友苏青的某次分别后，还一个人在黄昏的阳台上感慨着：“晚烟里，上海的边疆微微起伏，虽没有山也像是层峦叠嶂。我想到许多人的命运，连我在内的，有一种郁郁苍苍的身世之感。”“身世之感”通常总是带有自伤、自怜的意味吧，但我想是可以有更大的解释的。

我想，某些时候她是刻意回避这样的家世。然而，她不知，这样显贵、煊赫的家世，早已影响着她的灵魂深处，并点点滴滴沉淀到她的骨子里，和她浑然一体。要不，在百年之后的今天，人们还给予她这样的独特评价——“旧上海最后一个贵族”。而在100多年前，她爱的那个男子也曾说：“和她相处，总觉得她是贵族。”

只是，她浑然不觉。

其实，回转身来看张爱玲的身世，亦是为她欣喜。虽然那深深朱门下掩藏着的全然是灰暗的一片云雾，然而，溯源而上，经见的那一层簪缨世族下的深婉底蕴，却赋予她一种无人能及、无人能挡的放恣的才华与爱悦自己的娇宠，使得她无论是气质，还是才情，都跃然人上。

正如此，她那宛若金针的笔，才能在纸端流畅地写下打动人心的美文来。

传奇艳绝，贵族风华

曾不止一人说，张爱玲的传奇故事脱不开那段辉煌而传奇艳绝的家世背景。

如是，我循着那段光华拨开层层历史雾霭，与尘埃过往同在，似在穿越。透过那座庭院深深的宅邸，我闻到了幽微的桃花香，亦看到了一位风姿绰约的少女。她微微仰起头，看向远方，看到了未来。

她不是张爱玲，而是张爱玲的祖母李菊耦。

她非寻常百姓家的女子，乃是当世赫赫中堂大人李鸿章的千金。

李鸿章权倾朝野数十载，是那个时代的精英。虽后世对其万千非议，但是他在当政时期，确是个不折不扣的豪门贵族。此冰清玉洁之幼女李菊耦亦是这豪门贵族之后。

然而，他却在她韶华好年纪时将其许配给时年郁郁不得志、大她19岁之多的清流人物张佩纶。

我是有好奇心的，尤其对于这样的姻缘。

搜寻历史墨迹多篇，看到的是一个少时熟读经书，后中进士、入翰林，凭借着一支妙笔纵横官场，却终了仕途不济，被罢官充军的铮铮汉子。如此男子，应是容易被女子青睐的。所以，年纪、家境、门第等便也多成了浮云。当初，李菊耦对张佩纶亦如是。

至于对他的倾慕，她曾诗云两首：

基隆南望泪潸潸，闻道元戎匹马还；
一战岂容轻大计，四边从此失天关。
焚车我自宽房琯，乘障谁教使狄山；
宵旰甘泉犹望捷，群公何以慰龙颜。

痛哭陈词动圣明，长孺长揖傲公卿；
论材宰相笼中物，杀贼书生纸上兵。
宣室不妨留贾席，越台何事请终缨；
豸冠寂寞犀渠尽，功罪千秋付史评。

字句间，她那女儿家的闺阁心思便全部跃然纸上。

诚然，作为光绪初年政坛上锋头极健的“翰林四谏”之一的张佩纶，亦深得李鸿章大人的赏识，还曾得他如此赞许：“幼樵以北学大师，作东方赘婿……老年得此，深惬素怀。”

虽然，在他权倾朝野，力主议和之时，身为御史的张佩纶曾力主迎战，排挤他议和，对他的赏识亦不曾在心中削弱任何。而在张佩纶兵败基隆，被贬热河七载寒暑，罚满释归京师之际，将他招入府中，聘为幕僚，并倾情促成了爱女和张佩纶这一桩因不分门第而被世人传为佳话的姻缘。

对于这桩婚事，李夫人赵继莲多有微词。她甚觉将仅22岁的掌上明珠许配给已41岁的谪官，委屈不已。无奈，身为女儿的李菊耦与她父亲心意相通地表现出对其的一往情深，以及决绝地表达了非他不嫁的真心意。

故此，后人对于这段姻缘有了更深的探究之心。不过，终其数年未曾有谁能明了赫赫中堂大人的心绪及李菊耦的抉择。

于我见。红尘即过，凡事成佳话，其缘由无须探究，只任其成传奇的好。

再说，虽然张佩纶比李菊耦大了整整19岁，并且李还只是三任填房又如何？他们在历史的尘埃里，感情尤笃，吟咏互乐，仿佛神仙眷侣。

后来，虽然张佩纶在官场上没能风云再起，但是，因着李鸿章翁婿的缘故，他仍能仰仗着娇妻李菊耦的富足嫁妆而富甲一方。田产几许，房产几处，珠宝几多，还是无法计算的。

时年，他正式退出政治舞台，避政于南京某处豪宅之内。生活亦是可尽见到那些只属于贵族的耀眼风华。

而张爱玲作为他们后代的传承，承袭了他们贵族血统的风华，并且深入骨子内里。所以经年后，胡兰成在《今生今世》中写下这样的句子：“其实她是清苦到自己上街买菜。然而站在她跟前，就是最豪华的人也会感觉威胁，看出自己的寒碜，不过是暴发户。”

这是来自骨子里的贵气，是那些即便因世事变迁、沧桑过往而被隐去车马富足也还遗存着的贵族风华。

已无关财富锦食。

蹉跎慕容色，煊赫旧家声

在南京那座花木竞秀、清雅幽静的豪宅大院里，恩爱的两人相继生下了一儿一女。儿子，即张爱玲的父亲张志沂；女儿，即张爱玲的姑姑张茂渊。

而关于他们那段神仙眷侣般的美好生活，文笔华彩的张佩纶在著作《涧于日记》里有过记载："终日在兰骈馆与菊耦评书读画。与菊耦手谈，甚乐。""以家酿与菊耦小酌，月影清圆，花香摇曳，酒亦微醺矣。"更有如此诗一首：

> 一叶扁舟一粟身，风帆到处易迷津；
> 能从急流滩头转，便是清凉畛里人。

长大了的张爱玲，对于他们这段美好姻缘，有着动情的艳羡："我没赶上看见他们，所以跟他们的关系仅是属于彼此，一种沉默的无条件地支持，看似无用、无效，却是我最需要的。他们只静静地躺在我的血液里，等我死的时候再死一次。我爱他们。”

她一向寡淡，更不曾多言爱或喜欢。而对于祖父母，她的情感却是炽热的。

和她最为交好的姑姑张茂渊的态度，却大大迥异于她。她对她说："我想奶奶是不愿意的。”又说："这老爷爷（李鸿章）也真是……两个女儿一个嫁给比她大20来岁的做填房，一个嫁给比她小6岁的，一辈子都嫌她老。”

父亲张志沂，亦不似张爱玲这般欢心。

小时候，弟弟给她看影射着祖父母故事的《孽海花》，神秘地说道："说是爷爷在里头。”张爱玲便怀着颗萌动的心真切地看了起来，并兴冲冲地循着问起父亲相关的往事来。然而他像捂着一身虱子般，"只一味辟谣，说根本不可能在签押房撞见奶奶。那首诗也是捏造的”。转而，还让她去读祖父的文集，生怕那些前尘往事中的家世身份暴露了一般。

张爱玲并不因他们的态度而改变对祖父母的爱。她曾在《对照记》中大声地宣告她爱他们。并且，在读他的手稿时，还能生发出一份对他的欣赏及仰慕来。更于传说里知闻了祖父张佩纶的种种——

张佩纶仪容潇洒，能言善辩，颇有名士之风。直隶丰润人，出生于士大夫之家。中举人、点进士，从翰林院至侍读，后升御史。为清末"清流派”的中坚人物，常与志同道合之士一起抨击时弊，纠弹官吏。

闲时，亦狎妓纵酒，风月无边。喜着竹布长衫，招摇过市，风流倜傥，一时京都士大夫纷纷争相效仿。

这样颇具传奇色彩的祖父，深得她那颗独特的心。由此，她对身体里流淌着这样的血液而自我高贵与叛逆着、自我安静与孤清着。

所以后来的后来，她在发表文章之余，总免不了表达一番身怀这“贵族血液”的“引以殊荣”之感。

不过，这段在她心底引以为傲的过往，亦免不了在时光里湮没于尘土中。也是，历来世间多少江山执掌、宫闱琐事、朱门情切，总免不了被尘封，纵有那九千九百九十间半的宫殿；纵有三十六金刚、七十二帝煞的庇护，终究逃不过成为历史的惊鸿一瞥的命运。

这是尘世既定的宿命因由。何况他们只不过是一时的贵族名门而已。

那一年，甲午战争爆发，北洋水师又遭败绩。赫赫大清王国，便被迫签署了屈辱的卖国条约《马关条约》。时为马关议和全权大臣的李鸿章，因此而成了全民族的罪人。在下榻的旅馆门口，遭遇狙击手的袭击，当即弹伤颊骨，血流满面。

这一枪之后，他的势力一蹶不振，从此门庭冷落。不久，在落魄不达的悲哀中死去。

他一死，本自锋芒毕露的张佩纶，变得更加颓废、消极，终日里饮酒浇愁。仅一年多，他便在郁郁寡欢中随李鸿章而去，享年55岁。

此际，幼子张志沂只7岁，女儿张茂渊仅2岁，而爱妻李菊耦还不足40岁。

“碧海青天夜夜心。”有人用这样的句子形容早早守寡的李菊耦。

不过，在我看来，最懂祖母的还是张爱玲。她在《对照记》中言之凿凿：“奶奶就只有一首集句是她自己作的：四十明朝过，犹为世网萦。蹉跎慕容色，煊赫旧家声。”

盛必有衰，贵胄绝唱

有盛必有衰，有兴必有废。此乃千古的恒长定律。

历史是一株尘埃之花，百年沧桑过往、兴衰荣辱只不过是昙花苦短。经久以来，盛极必衰，三十年河东三十年河西。纵观古往今来的帝王家皆如此，何况他们家一个区区贵胄世家？何况，还是在乱世！

乱世的人和事，都经不得细数；乱世的人，得过且过，没有真的家。由此，只消一阵风便可吹成霭霭红尘里一抹沉香屑。

看张爱玲的父亲，便可知晓。

外公去世，随即而来的是父亲的去世。一时，显赫的门第，落寞成一个暗灰的影子。尽管家财万贯，但终究还是在心底隐约存着对坐吃山空的忧虑。

应是时代的悲剧。只可惜，偏偏让张志沂赶上，而做了个时代的悲剧人物。得过且过，狎妓、抽鸦片、买醉、逃避。

其实，细探究起来，也怪不得他。他幼年丧父，年轻的寡母便将一腔期望寄托在他身上。于是乎，委以重任、严加看管，并于望子成龙的心态中渐渐失衡。如是，我们看到了这样的一幕：他给儿子穿上艳丽过时的衣衫，刻意将他打扮成一副腼腆的女儿相，以此让他见不得人，认为如此就可以避免他把那干净、辉煌、显赫的家声给弄坏了。他就此满腹诗书八股。

然而世事变迁，空有满腹学问的他，在长大后却全然派不上用场。因为，中国已进入民国时代，早就将科举制度废除。那些用四书五经可换来钟鸣鼎食的时代已经被湮没在久远的历史尘埃里。

如是，无“用武之地”，于是渐渐颓废，并在一条不归的歧道上自我沉沦着——不管时日如何，哪怕拮据时，他径直地任性捧戏子、吸食鸦片、游逛赌城妓院、纳小妾……他淋漓尽致地将一个郁郁不得志的清朝遗少的劣根性演绎得如同一出剧目。

热闹至极，荒诞至极，更合着一抹浓重的悲凉。

关于这样的父亲，张爱玲曾在《对照记》中用同情的笔墨回忆着：“我父亲一辈子绕室吟哦，背诵如流，滔滔不绝一气到底。末了拖长腔一唱三叹地做结。沉默着走了没一两丈远，又开始背另一篇。听不出是古文、时文还是奏折，但是似乎没有重复的。我听得觉得辛酸，因为毫无用处……”

我素来不觉张爱玲真的凉薄。

对于父亲，她原就有着深浓的眷爱。

成年时如此，小时亦如此。

她在很小的时候，就能感知到父亲这种无所适从的寂寞。于是，她说：“父亲的房间里永远是下午，在那里坐久了便觉得沉下去，沉下去。”

诚然，跟张爱玲一般背负着七零八落贵族血统的父亲，是为悲哀。因为生不逢时，因为生在乱世，因为无能为力。所以，无以排遣时，便只好选择一种卑微且骄傲的生活方式。

于是，背负着那些“毫无用处”的学问，在惆怅迷惘中醉生梦死。

于是乎，仰仗着祖上留存的还算丰厚的家产，奢靡挥霍着，直至衰败。

就这样，他在煊赫的光华中，唱完了一首辉煌的歌。

过往繁华，终成绝唱。

新旧难融，姻缘断章

1915年，张志沂和黄素琼（后改名黄逸梵）在一片华丽的喜气中结为连理。

彼时，他们是一对璧人。19岁的好年华，金童玉女，又都是名门之后，让世人艳羡。

想当年，红盖头下，他们深情对望间，亦生发出浓稠化不开的情意来。他欢心、喜悦；她娇羞、欢颜。大红灯笼高高挂，一份不沾染尘世哀愁的爱恋由此衍生。

也是，他们一个是宰相的孙儿，一个是军门的孙女；一个风流倜傥，一个清秀恬美，年龄相当，门当户对。于那个时代，任谁都夫复何求，又怎不心生欢喜庆幸呢！尽管是传统下的媒妁之言，这称心如意的般配，还是遂了他们二人的心意。

生于大族之家的黄逸梵，其家世亦不输张志沂。

其祖父黄翼升，乃是清末首任长江水师提督。当年，曾和李鸿章一起在曾国藩的麾下领军，驰骋疆场。说起来，也是渊源颇深。其父黄宗炎，亦不辱家门，成年后位居南京军门之位。这样的黄家，在南京府可谓响当当的名门望族。

而黄逸梵，着实美。看过她的照片，虽是黑白的，却清晰地看到她的一张清秀的面容及一双“明亮如水、一泓秋波”般的深邃眸子，最令人动容的，还有眉宇间隐现着的一股孤傲和高远的气质。

一身潋滟风情，携带着浪漫情怀。

看着这样的黄逸梵，会不由得想起张爱玲来。我想，她那自我的贵族气息、浓郁的孤傲气质，多半也源于母亲黄逸梵。

跟满腹经纶、整日活在过往辉煌里的张志沂相比，黄逸梵无疑是新的，无论气质、思想，皆是。

尽管他也甚喜外来“文明”，比如，他喜欢吃国外进口的芦笋罐头，喜好各种新款轿车，亦翻看萧伯纳之类作家的翻译过来的小说，甚至还给自己取了个时髦的洋名字“提摩太・C. 张”，然而，跟骨子里流淌着新式思想的妻子相比较，他仍是旧的，旧得如同腐朽了的氤氲着前清气息的香炉。

因为他的骨子里流淌着的还是那些陈腐的清贵遗风。他脑袋里装着满满的旧式思想，身上透着浓浓的遗少气息，在一种奢靡的醉生梦死中追慕着家族曾经的辉煌。

而黄逸梵则大不同。虽然她裹了一双标志着“旧式文化”的小脚，她的思想却在西式文明里驰骋。她喜欢外来事物，崇尚自由，推崇西式教育，如外国人般，豁达处世。据说，她还拜师学习油画，常跟徐悲鸿、蒋碧薇这样的前沿社会名流交好。

她过的完全是阳光潋滟明媚的大好日子。

试想这样的女子，断是不可能安静地在一个清朝遗少的家里做少奶奶的，更何况，张志沂日趋沉沦，胸无大志不说，还沉溺于酒色烟榻，整日在屋内吞云吐雾，闲时纳妾嫖妓，挥霍无度。

这大大伤了她这位新生代女性的心，使她渐渐失望，直至心冷。

身为女子，她也是真心想和一个男子相伴终老。

所以她曾试图劝诫他，一番努力之后，终于明白一切都是徒劳。根深蒂固的遗少风气，早已将其湮灭，挽回不得。

由是心冷之余，生了满满的怨恨。张爱玲曾说："我母亲有时候还讲她自己家从前的事，但是她憎恨我们家。当初说媒的时候都是因为门第，却葬送了她的一生。"

心灰意冷。于是，放弃，连着情、连着家、连着一对儿女。

离散，成了必然。

在张爱玲4岁那年，她终借口陪小姑子张茂渊出洋留学而远走他乡。

至此，她和他的故事，断了章，没了延续。

只是他们的故事无以能续，着实害苦了那一对幼小儿女。儿子张子静，一生清冷、阴郁；女儿张爱玲，一生孤傲、寡淡。

关于弟弟，张爱玲曾写就一篇《茉莉香片》描述他的生活状态，在里面我们看到一个阴郁懦弱的人，一个精神上不健全的人。

而她自己呢，在她的回忆中，也让世人窥探一二。她长久地回忆着父母在她3岁时合力看护她的伤寒症的情景，并在后来漫长的岁月里，仅靠着这点幼年的模糊记忆来温暖冷寂的心。

而她和弟弟曾经一起面对着父母的争吵无助无依。据她回忆，每当父母吵架的时候，用人都会把她和弟弟领到一个阳台上。然后，她和弟弟就在阳台上静静地骑着自行车。那个时候，她觉得天好像要塌下来了。想必，比她还小两岁的弟弟，更是如此。

这样的伤害，真真是让世人喟叹之余而反思。

这人生若只如初见，不变不移，该多好！

想起张爱玲说过的："生于这世上，没有一样感情不是千疮百孔的。"

故而仍深信，这世间男欢女爱的故事，虽有断章之说，但终还有好结局存在。

第二章

深宅大院，蕴满哀伤

附着着旧时苔藓的深宅大院内，
小小的她孤独地站在阴暗长廊的日影下，
眺向远方的清澈双眸蕴满了哀伤；
她，似看到了自己苍茫的未来，
就那样狠心地将自己扔在一种暗灰中，
而将那曾经的温暖的橙黄岁月、快乐的朱红色记忆慢慢紧缩成心口苍凉的痛。

家，橙红色的岁月

（一）

生在“头上搭了竹竿，晾着小孩的开裆裤；柜台上的玻璃缸中盛着‘参须露酒’；这一家的扩音机里唱着梅兰芳；那一家的无线电里卖着癞疥疮药；走到‘太白遗风’的招牌下打点料酒……纷纭、刺眼、神秘、滑稽”热闹上海的张爱玲，最初的关于家的记忆，却来自天津。

于她，那是段温暖朦胧的、橙红色的甜蜜岁月。

就如同她在《童年无忌》中说过的：“童年的一天一天，温暖而迟慢，正像老棉鞋里面，粉红绒里子上晒着的阳光。”

而那时，她也真的赶上占有了张家仅剩的那一点点浮华世家的奢华与物质。那些带着历史痕迹的斑斓的古董、多而杂的银器物什、几代流传下来的实木家具、水印木刻的信笺、线装的古典书籍……显现了某种奢华。私人轿车、专用司机、各房配备的用人……则显现着这是个物质丰厚的家。

这个位于天津英租界的家，同样是一座阔绰的深宅大院，亦是祖产，是时年张佩纶续娶李菊耦时购买的。

张爱玲两岁的时候来到这座宅院。

那一年，父亲张志沂因与同父异母的二哥张志潜不和，便举家从上海搬迁到天津，并且委托亲戚在天津津浦铁路局谋得了一个英文秘书的职位。

那一年，张爱玲还不叫“张爱玲”，叫张瑛，英文名字Eileen。

她在天津的生活至为富足。仰赖着祖上的富裕，他们过着一种处处可见优裕物质和阔绰排场痕迹的奢华生活。就如她的弟弟张子静后来的回忆：“那一年，我父母26岁，郎才女貌，风华正茂。有钱有闲，有儿有女、有司机；有好几个烧饭打杂的用人，姐姐和我还都有专属的保姆。那时的日子，真是何等风光啊！”

在张爱玲的记忆深处，这段日子亦是美好、温情的。

那时，每天早上她都会被用人抱到母亲的铜床上，爬在方格子青锦被上，跟着母亲不知所云地背唐诗。经常显得不快乐的母亲，常常被逗乐。下午，则是她认字的时间，认会两个字就能得到两块爱吃的绿豆糕。

最为快乐的时光，是在后院的日子。不用背唐诗，不用认字，只随着小孩子的心性自由自在地玩耍；或在秋千上放飞一段无忧无虑的快乐时光；或穿着白底小红桃短纱衫、大红裤子，坐在一张放在阴凉中的小板凳上，喝着满满一碗祛暑的淡绿色六一散；或看一本谜语书；或唱几首童真的歌谣。

陪着她在后院度过如此美好时光的丫鬟，是个大高个儿，她清楚地记得她的额上有一个疤，她亲切地唤她作“疤丫丫”。这是她记忆里，带着暖意的可爱人儿。另外，还有一个她唤作“毛物”的用人。

那时，在院子里天井的一角架着个青石砧，“毛物”经常用毛笔蘸水在那上面练习写字。“毛物”长得清秀瘦小，却是个通文墨、心怀大志的人。张爱玲非常喜欢他，因为他常常讲精彩的《三国演义》给她听。在《私语》中，张爱玲写道：“我喜欢他，替他取了一个莫名其妙的名字叫‘毛物’。”

“毛物”的妻子，因此被她唤作“毛物新娘子”，简称“毛娘”。生得红扑扑鹅蛋脸、水眼睛的毛娘，在她看来一肚子的“孟丽君女扮男装中状元”，是个非常可爱却心计很深的女人。然而，因为“毛物”的缘故，小小年纪还不知世事的她并不反感她。在她心底深处，只知道他们是可爱的一家。又因他们是南京人，乃至于多年后，她都对“南京的小户人家有着一种与事实不符的明丽丰足的感觉”。

后来，他们一家脱离了他们家，独自开了个杂货铺子。女佣们经常领着她和弟弟去照顾他们的生意，努力地买几只劣质的彩花热水瓶，在店堂楼上吃茶吃玻璃罐里的糖果。而这些，在张爱玲的记忆里，便有了一种丰足的感觉，并且，经久深刻。

这样无忧的日子，真是美好惬意呀！正如她后来写下的句子“橙红色的岁月”那般，散发着的是让人倍觉温暖的浓浓质感。

多年后，即便心满溢了苍凉的张爱玲，仍温情地在《私语》中将这些记忆细微地写下：

第一个家在天津……

有一本萧伯纳的书——《心碎的屋》，是我父亲当初买的。空白上留有他的英文题字：

天津，华北。

1926，32号路61号。

提摩太·C. 张。

我向来觉得在书上郑重地留下姓氏，注明年月、地址，是近于啰唆无聊，但是新近发现这本书上的几行字，却很喜欢，因为有一种春日迟迟的空气，像我们在天津的家。

……

我知道，这时期的张爱玲，是一个令人欢心、千灵百巧的可爱小女孩。住在天津的老宅子里，因还无识世间炎凉而乖巧灵透。我亦喜欢这时的张爱玲，如此地温暖宁静，如此地无忧无虑。

能一直如此，多么好！

（二）

天津的老宅子，一砖、一瓦、一木、一梁间，着实都蕴藏在她内心深处。那些透着旧而腻的贵气的，那些为簪缨之族涂抹了殷实的“橙红”底色的，都入了她的心、她的骨骼。

于是乎，那些人，那些事，在经年后，久久地让她记忆丰满、富足。好的，坏的，都是如此。

由此，她涓涓地写下一篇情意绵延的《私语》，将这些过往记述。

由是我们看到了照顾她的用人“阿干”，照顾弟弟的“张干”，以及不争气、多病的弟弟和小小的却敏感着的她。他们在历史的回音里，期期艾艾地周旋、回走。

“用手去揪她项颈上松软的皮——她年纪逐渐大起来，颈上的皮逐渐下垂；探手到她额下，渐渐有不同的感觉了。”“小时候我脾气很坏，不耐烦起来便抓得她满脸的血痕。”这是她回忆里，对待照看自己的“阿干”的情形。

毕竟是大家小姐，被娇惯得任性、乖张。

我看到这样的文字，心底无法体会是什么样的滋味。不过有一点，我可以笃定的是——她所有的异于外人的性情，都是为着锻造一个日后的当代文坛上独一无二的人。

对于照看弟弟的“张干”，她亦不客气得很。张干，裹着小脚，伶俐要强，处处占先，因为带的是个男孩。而带着自己的阿干，从心底觉得虚，便凡事都让着她。

敏感若她，有着浓重的重男轻女论调的张干，使她早早地就想到了男女平等的问题。在暗暗督导自己“要锐意图强，务必要胜过弟弟”的同时，常常和张干展开激烈的争战。她自是脾气暴烈，常常把张干气得七窍生烟。某一次，她气急败坏地说道：“你这个脾气只好住独家村！希望你将来嫁得远远的——弟弟也不要你回来！”她仿佛能够从抓筷子的手指预知她将来的命运，并且说过："筷子抓得近，嫁得远。"而那时的张爱玲，确也真的抓筷子抓得很近。

不知，是否中了她的"咒语"，还是其他，成年后的张爱玲真的嫁得很远、很远，大洋彼岸。而且，终生和弟弟张子静"疏离"着。

在张爱玲的记忆里，"我弟弟生得很美丽，我一点也不。从小我们家里谁都惋惜着，因为那样的小嘴、大眼睛与长睫毛，生在男孩子的脸上，简直白糟蹋了。"（《童言无忌》）

记忆里，他们是彼此的玩伴，经常一起高高兴兴地做游戏，分别扮演《金家庄》上能征惯战的两员骁将，一个唤作月红，一个唤作杏红。张爱玲擎着一把宝剑，子静端着两只铜锤。永远是黄昏时分，他们趁着月色翻过山头去攻打蛮人。偶尔路上杀两只老虎，劫得老虎蛋（巴斗大的锦毛球，剖开来像白煮鸡蛋，可是蛋黄是圆的）……常常弟弟不服姐姐的调派，争吵起来，弟弟是"既不能命，又不受令"，无奈她因爱怜弟弟的秀美可爱，只好让着他，给他个编故事的机会，往往没等他说完，她就已经笑倒了，在他腮上忍不住吻了下。

我依稀仿佛听到了那亢奋的稚嫩的呐喊声，在橙色的夕阳下回旋。

这久远的散发着桃花馨香的童年记忆，暗湍着张爱玲对弟弟子静的喜欢。他的秀美，他的笨拙，在还不谙世事的张爱玲心里，是如此美好、有趣。

然而，随着时光的推移，随着她长大成人，随着子静碌碌无为"虚弱无奈"度日子的无所欲求，让张爱玲记起了他的没骨气来。于是经年后，她在《私语》里写道："我弟弟实在不争气，因为多病，必须扣着吃，因此非常馋，看见人嘴里动着便叫人张开嘴让他看看嘴里有什么。病在床上，闹着要吃松子糖——松子仁舂成粉，掺入冰糖屑——人们在糖里加了黄连汁，他吮着拳头，哭得更惨了。”

我想，有了这样记忆的张爱玲应该是对这个自小喜欢的弟弟有一种深深的失望吧！

生命里，爱有多种。“怒其不争”，亦是一种。

像张爱玲这般！

（三）

早慧的张爱玲至为敏感。

随着年龄渐长，她竟从那时的岁月里看出了“悲凉”的端倪，并且有了深刻的自我辨识及深深的“伤感”。

为了把她培养成“兰心蕙质”的名门闺秀，父亲张志沂专门为她请了个私塾先生。于是，她无忧的童年生活，便被埋没在一天到晚摇头晃脑背书的一成不变的生活中了。

慢慢地，她生了倦怠之心。而后，在背不出书的时候，生了深的厌倦。

而让她记忆深刻的厌倦，是那一个未赶上迎接新年的新年。

——为了用功背书，在除夕夜那天她还在熬夜背诵。照顾她的用人看她熬夜辛苦，便没有按照她的嘱咐早早喊她起来迎新年。因而，在第二天她醒来的时候，鞭炮早已经放过了。这样的错过，让她心生了最早的“伤感”和“悲凉”之心。

她原是这般爱热闹，这般爱完满。

这样的错过，亦让她一辈子记忆于心头。多年后，她在满溢着记忆的《私语》中，还伤感地写下这样的句子：“我觉得一切的繁华都已经成了过去，我没有份了，躺在床上哭了又哭，不肯起来，最后被拉了起来，坐在小藤椅上，人家替我穿上新鞋的时候，还是哭——即使穿上新鞋也赶不上了。”

张爱玲的伤感，还体现在某种大人似的感官上。她言：“小时候常常梦见吃云片糕，吃着吃着，薄薄的糕变成了纸，除了涩，还感到一种难堪的怅惘。”

还有，某次张干买了个柿子，因为太生，就先收放在抽屉里了。隔两天，她就去开抽屉看看，并渐渐疑心张干是否忘了它的存在。然而由于一种奇异的自尊心，又憋着性子不去问她。日子久了，柿子烂成一泡水。她觉得甚是惋惜，以至于在写回忆录《私语》时，还在惋惜着。

我知道，不能再有“松子糖装在金耳的小花瓷罐里。旁边有黄红的蟠桃式瓷缸，里面是痱子粉。下午的阳光照到那磨白了的旧梳妆台上”的温暖感受的张爱玲，之所以渐渐觉得世间“荒凉”，生了美好事物如同虚无、握不到手心的怅惘心思，跟父亲有着至深的干系。——那终日烟雾不散的烟榻与烟灯；那郁郁不得志、醉生梦死的过活；那旧式的腐败与挥霍……都入了小小敏感着的张爱玲的心。

她总是在半明半昧的午后，站在父亲的烟榻下，嗫嚅地小声地提出自己的要求。而父亲，则多半睡半醒地爱搭不理地回着她。那刻便觉到——进父亲的烟间好似游了一回太虚幻境，再出来时，恍如隔世。

也难怪了，她记忆里的童年，产生了“有阳光的地方让人瞌睡，阴暗的地方有古墓的清凉”这样悲凉的感受。

话说，这样的童年确实阴郁，若是旧上海的阁子楼，偶尔有阳光照进来，也被灰尘遮挡得细碎而灰暗。

然而，在我看来，她这童年并非畸形。种种悲凉、怅惘，皆不过来自她敏感的心性。

亦未必不好。她后来的写作灵感妙想，也多源自她敏感的心性。

母亲，鸢尾一般

（一）

母亲黄逸梵在张爱玲波折的一生中，始终若鸢尾一般在她的心底。

黄逸梵，着实是美。

她敏感优雅，身材窈窕，体态轻盈，高鼻深目，薄薄嘴唇，像个外国人，似拉丁民族的那种。可能有南洋混合血统的缘故吧，她头发不黑，肤色不白，浑身散发出一种罗曼蒂克的气质。

同时，她是个新潮时尚的女性，极其爱美，虽然缠着不相称的小脚。

这样的女子，姑且不说她是张爱玲的母亲，单单因为这样的美，便入了张爱玲那爱一切美丽灿烂物什的心了。

很小的时候，她便成诱惑，如同盛放在幽暗角落里馨香馥郁的大朵鸢尾花，幽幽淡淡间散发着蛊惑的气息，弥漫在张爱玲的头顶处。那时，她总是乖巧地坐在母亲房间的一隅，仰着脸看漂亮的母亲梳妆，并表露出万分羡慕的样子。有时，她也会绕在母亲身边，踮着脚，努力地想把每一个精致的小盒子打开。母亲每每戴上那对闪着小钻的耳坠，头发梳成美丽的S形时，她都会突然地趴到母亲怀里，把小小的脑袋深深地埋进去。她觉得母亲是这样美！

拥有这样情怀的她，大约只有3岁。

不过，母亲那张精致的脸，那股冷傲的气质却在那时就镌刻于她小小的骨骼里了。乃至于多年后，我们看到了一个被著名华裔女作家於梨华形容的张爱玲："她穿一件暗灰薄呢窄裙洋装，长颈上系了条红丝巾，可不是胡乱搭在那里，而是巧妙地协调衣服的色泽及颈子的细长。头发则微波式，及肩，由漆黑发夹随意绾住，托住长圆脸盘……我不认为她好看，但她的模样确是独一无二。"

我想，能如此"独一无二"出众着的张爱玲，跟拥有独特审美的黄逸梵不无干系。说白了，没有黄逸梵，就没有张爱玲。她流淌着她的血液，她们骨血相连，一刻都不曾分离。

她的一举一动，都深深地影响着张爱玲，且影响了一生。

虽然，张爱玲认定自己不可能成为张恨水笔下那种"清清爽爽穿件蓝布罩衫，于罩衫下微微露出红绸旗袍，天真老实之中带点诱惑性"的女子，但是拥有着江南水乡之秀美、天生爱打扮的母亲却深刻地影响着她。她一生都喜欢做衣服，常常像母亲那样在"绿短袄上别上翡翠胸针"。

她亦甚觉母亲的"衣服是秋天落叶的淡赭，肩上垂着淡赭的花球，永远有飘坠的姿势"。她是如此迷恋这姿势。

所以在很小的时候她就暗下决心："8岁我要梳爱司头，10岁我要穿高跟鞋，16岁我可以吃粽子汤圆，吃一切难于消化的东西。"为了如母亲那般美，为了如母亲那般小资，为了也成一朵媚惑的鸢尾花，她已经等不及长大了。可是，越是性急，越觉得日子漫长、难挨。

母亲对她的渴望及迷恋不以为意。

她依旧在装着玻璃窗的狭窄阳台上的一张小书桌前，精细地描涂着一张黑白照片。那时是夏天，天气阴霾幽暗。照片是她和张爱玲的合照。她手拿着一支细瘦的黑铁管毛笔，在水彩画颜料盒里，轻轻蘸了她想要的颜色，然后将站在她身边的张爱玲的嘴画成了薄薄的红唇。之后，将衣服染成了鲜艳的蓝色，一种介于阴冷和明亮之间过渡的孔雀蓝。

自此，张爱玲的一生竟然如此地被勾描开来。

（二）

我始终认为，张爱玲和黄逸梵都是一朵孤傲的蓝色鸢尾花，清冷而有傲骨。

阴霾有雨的天气，我翻开一本花语小册子，看到蓝色鸢尾的花语：代表着宿命中的游离和破碎的激情、精致的美丽，可易碎且易逝。

张爱玲的一生，且不必说。

翻阅黄逸梵的一生，可清透地窥看到她那易碎、易逝的宿命。

1894年，清末首任长江提督的黄翼升不幸离世。他的儿子黄宗炎承袭爵位，而奔赴广西出任盐道。未承想，黄宗炎赴任一年不到便染瘴气亡故。这个将门之子，在有生之年其原配无法生育而未能拥有子嗣。所幸在他赴任前，家中长辈为他从长沙家乡买了个农村女子给他做妾，而此妾在他离开之前，有了身孕。

1896年，那个妾在他过世不久为他生下一男一女的双胞胎。女孩便是张爱玲的母亲黄逸梵（本名黄素琼），男孩则是张爱玲的舅舅黄定柱。

由此，宿命仿若在那时就做了安排。

她自出生后，便由大太太亲自抚育。因是大户人家的小姐，而没能逃脱封建礼仪下的“裹小脚”，接受着最残酷的豪门高墙内桎梏般的礼数教导。生活在那个陈旧腐朽封建色彩的家中，处处如履薄冰。可以说，她的童年生活是寂冷的。

接下来是成婚。当年张志沂的家人托人来提亲时，她原是不答应的。但是，终无法拗过那个媒妁之言、父母之命的年代，而嫁了同是豪门的张志沂。起初，门当户对，郎才女貌，倒也是段好姻缘。而且，他们的确也过了一段恩爱的日子。然而，随着时间的推移，张志沂慢慢显露出遗少式的恶习。骨子里有着新式思维的她，渐渐不能忍受，并自我滋生出一份清冷不被羁绊的凌厉个性，心底亦渐渐地生出逃离的念头。并且，在一天比一天不能忍受张志沂的浪荡与颓唐中，逃离的念头一天比一天强烈。

诸如母性、妻性，这样太陈旧的套数，已无法将她套住。她仿佛天生就对这“人母”“人妻”有着原始的抗体，并恰当地与之保持着距离，生怕这世俗的生活、生计的污水不经意间泼了一身。

因此，在张爱玲4岁的时候，毅然决绝地离开了那个吸食鸦片、嫖妓、娶姨太太、无所作为的他，离开了那个终日散发着旧时苔藓味的腐朽的家，陪着远洋留学的小姑子去了国外。

外人看来，这样撇下一双儿女离开的她，是个清冷的女人，心性太过于坚硬。

然而在我看来，不愿在青苔丛生的深院里霉锈了青春的她，令人艳羡。

1924年，时年将名字“黄素琼”改为“黄逸梵”的她，以监护人的名义伴着小姑张茂渊留洋到英国。在前往英伦的客船上，她轻启着朱唇吐出“黄逸梵”三字时，她的人生就此拉开了独属于她的孔雀蓝时代的帷幕。

在伦敦，鬈发的她，穿一件及膝的蓝绿外套，开始学习油画。高鼻深目的她，混在一堆高鼻深目的外国人中间，并不觉外分。

她亦学她爱着的歌唱。肺弱的她，哼唱起来竟像吟诗。她总是抱歉地笑，娇媚地解释，但是仍孜孜不倦地学着。

她是心存“小资情怀”的优雅女子。她亦是社交上的高手。长相美艳又有见识的她，如同鱼儿在水中般畅游在不同的社交场所。

而她踏着三寸金莲将英伦的岁月过得更是飞扬、放恣。曾经，她和胡适同桌打牌。她希腊式的风情，使得她成了麻将桌上的尤物，一时所向披靡。曾经，她和小姑联袂到瑞士的阿尔卑斯山滑雪，她这小脚的嫂子竟比大脚的小姑子滑得还要好。

只是，她虽远在他国，心中仍有柔软的部分留在了那个散发着苔藓味道的家中。那一天，她收到张志沂的一张小照，上面有一首蕴含着相思之苦的七绝古体诗（才听津门金甲鸣，又闻塞上鼓鼙声。书生自愧拥书城，两字平安报与卿）。她的心，还是悸动了。那“画眉深浅入时无”的新婚光景，宛如在眼前。

于是，回来。

可是，回来后，那个家依旧，那个男人依旧。她彻底心灰意冷了。

1930年，她做出了离婚的决定。

秋季，她再次为心插上翅膀，飞往法国。

这一次，感情上她再无牵无挂。这一次，她决意谋获一段想要的爱情。

很快，她认识了一位英俊挺拔的美国人，做皮件生意的。他们相爱后，她变卖古董，为他筹资去新加坡做皮革生意。后来，新加坡被日本占领，他不幸遭遇轰炸离世。

由此，他成了她心底刻骨铭心的痛。

可是，生活还得继续。于是，她独自苦撑，逃难到印度，并做了印度首任总理尼赫鲁两个姐姐的秘书。后来，她在马来西亚侨校教了半年书。最后，还是回到最初漂洋过海到达的城市伦敦，并在此定居。

羁羁绊绊中，生命到了终点。

1957年，始终漂泊在外的她于病痛中孤独地死去，享年64岁。

而此时身在美国的张爱玲，因苦于贫困，未能买到一张飞往伦敦的机票，去看望她最后一眼。

我想，这些于她已不甚伤情了吧。在她孔雀蓝般质地的精神世界里，早已置这些于身外了吧。因为在她血液里流淌着的，始终是那一抹神秘的不染人间烟火的清冽、纯净的孔雀蓝。

鸢尾一般，抛身尘外。

（三）

我始终不知道该如何定位，张爱玲和母亲黄逸梵之间的爱。

从来，我都觉得那种爱暧昧、模糊不清，无以辨认。但是，那日看了这样的句子——1958年，张爱玲的母亲黄逸梵在英国去世，她的遗物远渡重洋运到张爱玲家中。张爱玲看着那一口大木箱，始终不敢打开，她怕打开她和母亲的温暖记忆。于是，明白母亲黄逸梵在张爱玲心中的重量了。

那种生命不能承受之重的重量。

诚然，她虽然始终远离张爱玲的世界，但是，她却给过她一段可以温暖一生的朱红色快乐时光。

“有狗，有花，有童话书，家里陡然添了许多蕴藉华美的亲戚朋友。我母亲和一个胖伯母并坐在钢琴凳上模仿一出电影里的恋爱表演，我坐在地上看着，大笑起来，在狼皮褥子上滚来滚去。”

在国外学了十八般武艺的她，还教张爱玲学画、钢琴、英文，为锻造一个时代的淑女努力着。

岁月，竟见了静好。

她亦开始显现出聪明早慧的一面，开启了她才女的历程。

然而，母亲和父亲之间的关系仍无法调和，争吵时在。最后，终于还是离婚了。

即便是离开了家，她仍为给她争取读书的权利而和父亲争执不休。她定是要她接受新式的教育，摆脱掉那“遗少式”的腐朽桎梏。最后，在她的努力下，母女两人手牵着手，偷偷地去了黄氏小学报名。

看得出她是爱张爱玲的。不过，不是寻常母亲般那样的骨肉宠爱。

因此，她在某些事情上不给予她宠爱。比如，在张爱玲逃家投奔她时，她竟对爱美又要读书的张爱玲说出这样的话：“如果要早早嫁人的话，那就不必读书了，用学费来装扮自己；要继续读书，就没有余钱兼顾到衣装上。”

确也是人生至理——这世上无两全的事，人要学会抉择。

此外，她还凌厉地告诉张爱玲如何自立：“要读书，我虽可帮你拿学费，但总得你自己拿定主意。这一去，总没有回头路。前途是你自己的，不能事事都让我帮你安排，要争取、要放弃，你自己要想清楚。”

回头看，这话虽不顺耳入心，却也锻造了一个独立自强的张爱玲。多年后，无论顺境逆境里，张爱玲总能刚烈地走过。

她又爱算经济上的账——“一直怀疑为女儿牺牲是否值得”，活得过于“清醒”。由是，让敏感的张爱玲察觉到。

张爱玲便冷冷地跟她稀薄着。后来，张爱玲曾回忆过：“我常常一个人在公寓的屋顶、阳台上转来转去。西班牙式的白墙在蓝天上割出断然的条与块。仰脸向着当头的烈日，我觉得我是赤裸裸地站在天底下了，被裁判着像一切的惶惑的未成年的人……这时候，母亲的家不复柔和了。”

可是，骨子深处却是眷爱的，她曾说：“看得出我母亲是为我牺牲了许多。”而后来，在回忆录《私语》中，她还写下了这样眷念着满满的爱的句子：

“不久我母亲动身到法国去，我在学校里住读，她来看我，我没有任何惜别的表示，她也像是很高兴，事情可以这样光滑无痕迹地度过，一点麻烦也没有，可是我知道她在那里想：‘下一代的人，心真狠呀！’一直等她出了校门，我在校园里隔着高大的松杉远远望着那关闭了的红铁门，还是漠然，但渐渐地觉到这种情形下眼泪的需要，于是眼泪来了，在寒风中大声抽噎着，哭给自己看。”

如此，任谁都看出了张爱玲对母亲的爱。

在那一段日子里，她在留着母亲气息的姑姑家里，亦深觉得纤灵的七巧板桌子有了轻柔的颜色。她用自我的方式思念着母亲。

我素来认为，靠文字吃饭，曾与人相恋、后离异、再远走异国，颠沛流离却始终不曾被生活打倒的张爱玲，所仰赖的便是被母亲黄逸梵培养出来的种种能力，以及承袭于母亲的那股独立凌厉的如同鸢尾般的性格特质。

没有母亲黄逸梵，便没有日后傲骨的张爱玲。不是吗？

父亲，由爱生恨

（一）

看张爱玲的小说《心经》时，是个夜凉如水的晚上，我蜷缩着，将暖气开到最足，却仍感到深深的“疼痛”以及“毛骨悚然”的冷意。那清淡的笔调下，隐藏着热烈到惨烈的感情，而且还是一个女孩子和自己父亲之间的感情，一再让我不能自已。

我不知道，该如何界定这样的情感。那文字中淡淡晕开的都是不同寻常的悲喜，并且已经完全刻画到骨子里去了，且渐次于时光中渗透进骨髓里。

不由得想到了张爱玲和她的父亲。

张爱玲曾亲口说，自己的小说，大多有所本。而这篇小说的原型，我便自作主张地归纳为张爱玲和她父亲了。虽然我臆断、主观了些；虽然生之现实里，若小说女主角许小寒那般激烈到惨烈的爱之情张爱玲未曾有过，但是，我清楚地知道，张爱玲和许小寒般那种和父亲间的骤冷骤热、被阻滞了的爱是大抵相同的。

请随我回转过头来，细数那些年里，他们之间的交集。

在张爱玲的童年里，父亲是个重的成分。因为4岁那年，母亲的离开，让她心底没了她的概念。她曾在《私语》中如是说："最初的家里没有我母亲这个人，也不感到任何缺陷，因为她很早就不在那里了。"并且，她对她还产生了怨恨。

多年里，她始终记得母亲离开她时的情形——那天，船要开了，可是母亲不舍得离开，便一直伏在竹床上痛哭。用人几次来催说已经到了的时候，她像没听见，他们不敢开口了，于是把张爱玲推上前去，教她说："婶婶，时候不早了。"（张爱玲算是过继给另一房的，所以称叔叔婶婶。）但是，伤心的她也不理会张爱玲，只是一个劲地痛哭。张爱玲就呆掉了，不晓得做什么好。并且，觉晓母亲抛弃了自己，遂心底升腾起很深的退缩、沉默来。

多年后，这种内心退缩、沉默的性格，于她如影相随，不曾离开过。相对地，对于母亲离开的情形，也如影相随地埋藏在心底了。

母亲的离开，亦顿时生殇。

而父亲在那时虽有恶习，却很疼爱她。由此，父亲这个人便充满了她的童年世界。她亦觉得没有母亲的家，跟父亲在一起的家，也是好的。

她自小就表现出一种勤奋好学的样子来，这深得父亲张志沂的喜爱。于是，饱读诗文的他便给她念诗、教她读书，耐心地给她很幼稚的作文做眉批、总批，并且还将这幼稚的作文装订成册。

看得出，他对天赋斐然的女儿的珍爱，以及骄傲。

而在张爱玲的生命里，也因此有了一段对她而言，弥足珍贵的父女并头谈书论文的温馨时光。

后来，张爱玲的弟弟张子静在回忆姐姐的文章中亦给世人展现了这段温馨时光：

“我父亲看出这个女儿有创作的天分。我父亲虽有不良的嗜好，但也很爱看书。他的书房里有中国古典文学，也有西洋小说。姊姊在家的时候，没事就在书房里看书，也常和父亲谈一些读书的感想。父亲鼓励她作诗、写作；他那时也已看出这个女儿有文学创作的天分。姊姊在他指导之下，也真的写了一些旧诗。有几首父亲很满意的，亲友来访他就拿出来给他们看。

“还有一次寒假，她仿照当时报纸副刊的形式裁纸、写作，编写了一张以我家的一些杂事作内容的副刊，还配上了一些插图。我父亲看了很高兴，有亲戚朋友来就拿给他们看。‘这是小瑛做的报纸副刊。’他得意地说。亲戚朋友当然也夸奖了姊姊的创作才华。”

那些年里，他像所有希望“女儿成凤”的父亲一般，爱呵地带领着女儿在知识的海洋里畅游；亦像所有为“天赋斐然女儿”骄傲的父亲一般，将小张爱玲如影子般带在身边，以示夸耀。

彼时，他是个将女儿视为珍宝，珍爱、疼惜着女儿的好父亲。

——他带她去咖啡馆、夜总会、去吃高级甜点，甚而还带她到妓院（让她坐在妓院的客厅里，找个女人陪伴着）。

这样的疼爱，这样的相依，让张爱玲即使没了母亲的陪伴，也很享受这种和父亲在一起的日子。而张爱玲对于这样的父亲，渐渐地也产生了一种依赖的感情。在她的生命里，父亲是她爱的所有寄托，亦是生之支柱。

由我看来，隐藏在张爱玲心底的似许小寒那般的恋父情结，亦是那个时期延绵而来的。

（二）

由爱生恨。这是爱情上的道理。

对于有着如同海般深的恋父情结的张爱玲而言，对父亲因爱而产生了恨意自是可解的。

最初的恨意，来自父亲的再娶。

那年，在天津混得声名狼藉的父亲，痛定思痛下，给远在英伦的母亲写了封悔改信，承诺戒毒、发誓不再娶妾。为了开始新生活，他亦带着一家老小从天津搬回上海。

彼时，1928年，张爱玲8岁。

念旧情的母亲黄逸梵，随即飞了回来。

他们一家又搬回到宝隆花园的一所欧式洋房。多慧、贵气、美丽的母亲，带来了散发着阳光味道的音乐、绘画、戏剧。这让她深深产生了

“有狗，有花，有童话书……家里的一切都认为是美的顶巅。竟连不甚谐和的蓝椅套配着旧的玫瑰红地毯，遂让她联想到英格兰的浪漫——蓝天下的小红房子，法兰西青色的微雨”的美好意象。

母亲将父亲送到医院戒毒后，就开始让人装饰她和弟弟的房间。卧室的墙壁，按着她的意愿漆成了“橙红色”。“橙红色”是她所爱的颜色。她觉得，这颜色至为温暖，竟然在自己作画时也刻意地将这种颜色作为背景色。

这是段被她称为橙红岁月的好时光。她如此地满足着、迷恋着。

然而，不争气的父亲，终还是因为禁不起诱惑以及自私，将这份美好打碎。

他又抽起了鸦片，不仅如此，他还愚蠢地“压榨”妻子黄逸梵的钱。以为将黄逸梵的钱花光的话，她想走也走不掉了。然而，受过西方教育的黄逸梵，自是不会吃他这套，而与他据理力争。争吵，便成了家常便饭。

最后，黄逸梵厌倦了这种无休止的争吵，决然地跟他离了婚。

清冷地面对这一切的小张爱玲，对感情竟有了疏离感。

母亲离去后，父亲决定再娶。

知晓这消息后的张爱玲，突生了嫉恨意，她如是写道：“姑姑把父亲要再娶的消息告诉我，当时是在一个小阳台上，当我听到这个消息的时候，我就觉得如果我的这个继母就在我的眼前，我就会把她从这个阳台上推下去，让她摔死掉。”

这样的恨意，并不全然替母亲黄逸梵而生。其中的一部分原因，是她觉得那个被称作“继母”的女人生生抢走了曾与自己相依过的父亲。

来自父母的温情稀薄。如此，这样一个不相干的人再加入，她更没有温情可获得了。只是，大人的事情，怎是她一个几岁的孩子可以阻拦得了的。父亲再娶，最后还是成了改变不了的事实。

随着继母的到来，她渐长成了一株病态的水仙花，有着自恋、自卑、自爱、自私的病态性格。而随着这种病态在身体内的置入，她和父亲间的那份默契融洽的感情，也到了破碎的地步。也就是一瞬间的事儿，如同一只精美的瓷瓶，被摔碎在地，光弧划过，碎片飞溅。

对父亲的恨意，在埋怨他娶一个不相干的女人时滋生了。

她兀自将父亲的世界化为这般——“有我父亲的家，那里什么我都看不起，鸦片，教我弟弟作《汉高祖论》的老先生，章回小说，懒洋洋、灰扑扑地活下去。像拜火教的波斯人，我把世界强行分作两半，光明与黑暗，善与恶，神与魔。属于我父亲这一边的必定是不好的……”

遂，她觉得再度搬家到她出生的那所老洋房里，浮动着的空气是模糊的，游荡着的气息是凄凉的。这片她之前就没有任何记忆的老房子，现今于她亦没有任何美好记忆可言的老房子，是一个奇异世界。她不喜欢这个地方，实在不喜欢得很。甚而，她让自己变得恍惚，生出不知身在何处的感觉。

接下来，就是那让她一生耻辱、对父亲恨意更深的监禁了。因为恨意颇深，她在《私语》中不惜笔墨地描述过。

这一监禁，就是半年之久！

这一监禁，就此成了心中可怕的梦魇！

这一监禁，仇恨的种子自此深种，终生无以根除！

恨。那种夹杂着痛彻心扉的恨。

就此，在她心底缠绕、盘旋，一生都未曾离弃掉。

而她和父亲间，那一丝原本就稀薄的亲情，也就此消失殆尽。他们成了世间最令人感到苍凉的宿敌。

（三）

关于父亲张志沂，世人看到的皆是张爱玲深深的怨与恨。

但是，我知道，事实倒不全然如此。

她和父亲之间，实则如佛界里的《般若波罗蜜多心经》一般，是那难念的心经。

在她内心深处，她自是爱着他的。只是，这爱深且隐晦。我前面说过，对于父亲，她是“因爱而生的恨”。正因为爱，所以恨才那么深，深到一辈子成心结，无以排遣、无以遗忘。

再说回张志沂。他身上虽然全是些世家子弟的遗风古韵，读古、赋诗、阅词，但明月清风亦懂不少。他关切地为张爱玲的小说《摩登红楼梦》拟颇见功底的六条回目；对张爱玲写出的七绝诗中的“声如羯鼓催花发，带雨莲开第一枝”两句，他亦给予她赏赞及鼓励。

对于这个早慧的女儿，他是很感骄傲的。在心情好的时候，亦娇宠着教她读文阅诗，时不常还与她一起评析先生给张爱玲眉批圈点过的作文和诗词。只是陈腐的旧时思维方式，使得他对张爱玲的栽培有着限度。这让他认为使张爱玲认字读书已是恩赐，请了私塾先生给她已足够，至于新式的学堂自是没有去的必要。

他，这旧式的、没落的世族公子哥，就是这般被旧式思想禁锢着。旧式的“女子无才便是德”的至理的影响，在他那里充分挥发、弥散。而且，张爱玲母亲的优秀、超前，让他惧怕、自卑。

他觉得自己无法将神似黄逸梵的张爱玲掌控在手心，他惧怕她会和她的母亲一样一去不回；他亦深觉养育多年的女儿在轻易间将自己背叛而心系于母亲，他于自卑中愤怒着，于是放出狠话：“如果你和你母亲一样的话，便打断你的腿。”

这样的他，还真是迂腐得很。在爱情男女中，尚且没有谁能羁绊住变了的心，何况这父女之情呢。

这样的男子，不无寂寞，亦是可怜的。

为了排遣失落、失衡，以及失去，终日沉迷在烟榻上，鸦片烟云雾缭绕间，是他不愿清醒的隐晦的真心意。

对于这样的父亲，一向“做事集敢利落不留余地，亲情友情说断就断”的张爱玲，却是深爱的。看她于《心经》中的描述，即可感应到。亦爱恋着张爱玲的上海籍女作家淳子亦有篇分析张爱玲的文章。她一层层地揭开其对父亲的这份情愫，句句情真意切，入心坎人皆惊然。但是，道理至真，且合乎情理。

诚然，对于父亲，她是因爱生恨。

她恨他为她娶了分享他爱的继母；她恨他为了继母而打她、拘禁她。

她亦恨自己不能如女子质问情郎般质问他情感的迁徙。世俗的桎梏，是道枷锁，让她对他的爱成了最隐晦、最难言的那种。如同苦酒，亦如同毒药。饮之，便伤及味蕾及生命。

于是，在恨中，有了深的伤口，心亦生了深的委屈，并将这些耿耿于怀。

多年里，不断地将其涂抹在用以疗伤的文字里。她这样的耿耿于怀，成了心经，且无法遗忘。

她忘不了他们一起在天津那栋陈旧而华丽的老房子时相依相伴的美好情景；她忘不了他们一起在童话般意境的上海祖屋里评书论文的朱红岁月；她亦忘不了他曾经是与她最亲近的男人。有人曾说，女孩如果没有和别的男人有过情感交集，那么，与她最先亲近的男人往往就会直入心底且不可磨灭。

对于生命里缺失母亲的张爱玲而言，父亲于她便似这般。

所以，即便恨着父亲的张爱玲在离开上海的前一天晚上好友炎樱问起她最怀念上海的什么时，脱口而出的是飞达咖啡馆的香肠卷！那是父亲常带她去的地方，那是父亲爱吃的东西。而不是，和姑姑住了很久很久的公寓；亦不是，和胡兰成散步的静安寺公园。

而在暮年岁月的某一日，忽然翻看旧书，看到父亲的英文体字迹，刹那间她有一种春日迟迟、温暖沉重的感觉。亦说明，父亲早已经存在了她的心底深处。

事实上，她还从现实的婚姻中寻找父亲的影子，如同一种感情的寄托。她一生爱上的，都是比自己年长的男子。胡兰成，大她15岁；赖雅，大她36岁。核算这样的年龄差距时，我不禁要问，她到底爱上的是某个男人，还是爱上的某一种情感？

如《心经》中，小寒眷恋着父亲，对童年的留恋，对母亲的嫉妒、排斥、冷漠，种种情结早已超越了一般意义上的眷恋。这是变态的情感，亦是乱伦的情感。张爱玲深知这种情感在现实中无以实现，于是，她以一种“光华耀目的自毁”形式让它在现实中变相实现。一次，嫁给风流薄性的胡兰成；一次，嫁给穷酸命短的赖雅。

只是，这样的嫁诸情感的方式，带给她的最终是千疮百孔的伤害。

如此，不得不让人为她心下恻然。

继母，亦可怜之人

（一）

继母，在张爱玲的一生中，始终是一枚隐在黑暗里的肉中刺，红肿肿的碍眼的一小块，冷冷地刺痛了她多年的岁月。

对她，最初的最初，张爱玲就生出本能原始的恨意来了。

1934年，张志沂迎娶她。当姑姑告诉张爱玲的刹那，站在夏夜阳台上的张爱玲就情不自禁地哭了起来。因为看过太多小说中关于父亲迎娶继母后的情节，当应验到自己身上时，她只有一个迫切的念头：无论如何都不能让这件事情发生。如果那个女人就在眼前，伏在铁栏杆上，必定会把她从阳台上推下去，一了百了。

在张爱玲的心中，她是个不折不扣的“母夜叉”似的恶毒女人。

继母给她穿自己穿剩的衣服。

这让宣称“8岁我要梳爱司头，10岁我要穿高跟鞋，16岁我可以吃粽子汤圆，吃一切难于消化的东西”的爱美的张爱玲，身心、自尊都受了伤。所以，隔了50年的月亮，在《对照记》中，她耿耿于怀地记录下这份伤害——“有一个时期在继母统治下生活着，捡她穿剩的衣服穿。永远不能忘记一件暗红的薄棉袍，碎牛肉的颜色，穿不完地穿着，都像浑身生了冻疮；冬天已经过去了，还留着冻疮的疤——是那样地憎恶与羞耻。”

她将自己的父亲抢走了。

自她嫁过来之后，父亲对她言听计从，不知她施展了什么妖精之风。他们一起躺在那个萎靡的烟榻上，吞云吐雾地消磨着让人窒息的时光。他们志同道合地相亲相爱着，这大大地刺激了张爱玲，她有了一种被剥夺感，觉得父亲已不属于自己，而只属于她。

这怎能不让有着严重恋父情结的张爱玲，对她生出深深的恨意呢。

她虐待自己的弟弟。

生来傲骨的张爱玲，孙用蕃是轻易不敢欺负的。但是，软柿子般的弟弟张子静却不同。于是，为稳固继母的地位，她以走“严母”路线，用棒子底下出孝子的谬论，挑拨父亲教训弟弟。这大大地刺激了张爱玲那颗敏感的心，两个人之间的裂痕也不可避免地产生了。很长一段时间里，她们相互敷衍着彼此。

但是，张爱玲清楚地知道，她和继母之间的芥蒂，早已像一只不断充气的皮球，暗暗地沉静地待在那里，只等待某一天爆发。

这一天，终于爆发，火山喷发式，将一切亲情牵系都燎成灰烬地爆发。

那日，张爱玲与躺在烟榻上的父亲说，要去“姑姑”那里，父亲“嗯”了声，表示同意。

只是没想到，事隔两天张爱玲回来时，却遭到继母一番挑衅式的痛骂。

她厉声质问张爱玲为什么在外过夜，扬手还打了她一个耳光。张爱玲哪受得了这样的侮辱，本能地要还给她一个耳光。幸而被两个老妈子死死地拉住，才没打在她脸上。

这下可好，她仿佛找到了修理张爱玲的机会，一路尖叫着“她打我！她打我！”奔上楼去，抢先向父亲告状。

喊声在楼梯间没完没了地回荡着，张爱玲心里深刻地感应到一种大祸临头的逼迫，从头顶灌来。只少顷，父亲冲下楼，不问缘由，对着张爱玲就是一阵拳打脚踢，直到把她打倒在地爬不起来。

最后，父亲直接将她监禁在一间空房子里，并且还扬言要用手枪打死她。

张爱玲的心，由是凉了，接着碎了。

有着继母的家，成了炼狱，不复温暖，没有美好记忆了。

于是，在一场严重的痢疾之后，差点死去的张爱玲，拼却全部力量逃出了那个家。

继母却也是绝情。在张爱玲逃出家之后，她“果敢”地将她的一切东西分给了人，只当她死了。

这样的继母，如何不让张爱玲嫉恨一辈子！

（二）

因爱着张爱玲，我对这个狠心的女人有了八卦之心。追根溯源地搜查着她的过往种种，却发现她原也是个可怜人。

她有她的缺失，她亦有她的伤痛。

她的缺失，源于她的爱情。

年轻貌美如花时，她爱上了穷困的表哥。私下里，两人定下了相爱的关系。但是，这样的爱，自是无法让家大业大声名亦赫赫的孙家容许。她原是曾经两度出任民国总理的孙宝琦家的七小姐。而孙宝琦，时年是出了名的治国治家清廉严正，又怎会让她和穷困的表哥相爱呢！

于是，家族干扰制止她和表哥相爱，自是必然。

她是个痴情女子，便和表哥相约一起服毒殉情。然而，路遇的男子却是薄性寡情之人，中途反悔。活下来的她，变成了一个天大的笑话，带着背叛和耻辱、缺失和遗憾，存活在这世上。心被伤了，她成了一个被孤立的疼痛着的边缘人。

不久，为排遣这伤痛，她染上了阿芙蓉癖（吸食鸦片）。自此后，一刻都无法离开那一席烟榻带给她的温暖。

她打定主意，今后的人生只和烟榻相伴了。什么情人、什么归宿，统统都远在她的世界之外，与她无丝毫干系。她安心地在娘家做一个失宠而难堪的老姑娘。

活在如此缺失中的她，久而久之成了个不见天日、身心不健康的人。

36岁了，仍旧没有男人敢上前过问。

直到那一年，经大哥孙用时介绍，在张家门庭冷落的时候嫁给了张志沂，她才结束了那段暗无天日的待嫁岁月。

只是，这嫁让她委屈，亦生了伤痛。

和张志沂成婚当晚，她还对看着新娘的人泰然地说道：“我说没什么好看，老都老了。”现出心安理得的神气来，谁知，只一眨眼的工夫，她便看到了这处新生活的内里——那是一个团结得紧密插针都不入的爱的小集团，轴心是丈夫的前妻黄逸梵，围着她团团转的，是已经成为亲人的人。首先是丈夫，他还爱着黄逸梵，离婚了，却特意搬到黄逸梵娘家住的弄堂里，“还痴心地指望着再碰见她”，别人会“替他们拉拢劝和”；其次是小姑子张茂渊，她跟黄逸梵可谓亲密无间，形影不离，就连亲戚间都纷纷议论她们关系不一般；更甚是她名义上的女儿张爱玲，吃穿住行都是用他的钱，却一颗心老拴不住地整日整夜地往她母亲那里转。

看着这些，她的心底如同打翻了五味醋坛，说不出的难堪及难受。

于是乎，黄逸梵成了她挥之不去的梦魇。她觉得黄逸梵似一座巨山，将她再次压到一种暗无天日的阴影下，心底生出一份浓如滚烫的熔岩的嫉恨来，并且在她五脏六腑里难挨地翻滚着，让她随时随地都欲将它们释放。

她是曾受伤害跌入过深渊的人，所以再不允许生命里这可能的伤痛重演。于是，她开始霸道地维护起她作为张家女主人的地位来。如同一只受伤的老母狼，红着双眼，誓要把一切威胁挡在她的领土之外。

如是，有了她狠狠地给张爱玲的那一记耳光。实际上，她打的不单是张爱玲。在那一刹那，她打的是黄逸梵，她恨她如同鬼魅般的魔力在她的领土上阴魂不散；她打的是早年间的那个表哥，她恨他的背信弃义，如若没有他们那段，她自不必承受那不堪回首的岁月；她打的亦是自己，她痛恨自己身为名门闺秀，在锦绣丛中长大，却为了一段不值得的情和人而落得如此境地。

这一记耳光，她等了好久。3年，1000多个日夜呀！她空对着那浓郁的嫉恨，无计可施。如今，终于翻转手腕将其释放。只是，这一记耳光之后，她便成了万恶的“母夜叉”式的继母，留存在张爱玲的文字里。

从此，转头走掉的张爱玲，将她从心底抹去，只留余恨至死方休！

（三）

春日迟迟，女心伤悲，她到底也是个心有委屈的好女子。

能于乱世中，陪着张志沂，一路终老。这份坚定，真是不易，是对她恨意不能消的张爱玲所不能懂的。

隔着几十年的光阴，我这个局外人，可以清晰地看到她的委屈。看到她拎着一颗心，壮着胆子行走在那时的上海滩。心不由得为她生出些许同情来，虽然我是那样挚爱着张爱玲。但是，再爱屋及乌的心里，仍抵御不了对她继母的委屈而产生的同情。

她因为庶出，又因吸食鸦片，更因那段不堪回首的令人耻笑着的爱情，在娘家苦挨着暗黑的天日，36岁了，才做了张家的填房，而且还做了两个孩子的后妈。这让身为名门孙宝琦家七小姐的她，情何以堪！

然而，即便想婉从，也不是那般遂人心意。

因为她遇到了张爱玲这个从记事起就得不到母爱、脾气又有些古怪的孩子。

从最初的最初，张爱玲对于她的到来就充满了排斥。再加上，张爱玲本就是一个亲情缺失的冷人儿，对人、对物都看不出好坏来。所以，她初次面对张爱玲就感应到她对她的敌意了。

但是千帆过尽，她是如此眷爱这份来之不易的新生活。虽然，嫁给的是家世不如自己还带着两个孩子的张志沂这个没落王孙，但是受尽了“老姑娘”苦处的她，亦是十分珍惜这份新生活带来的幸福。所以，若蜉蝣般婉从着，也要想尽办法来攥紧这份幸福。

因而她初到张家，便刻意地忽略张爱玲的敌意，要跟她搞好关系。

她将两箱子年轻时穿的好布料的衣服，专门找人从娘家带来送给张爱玲作为见面礼物。只可惜，她忘了张爱玲的身份家世了。他们张家再没落，她仍是那个流淌着清高贵族血液的正牌千金小姐，再加上洋派母亲的熏陶，她怎会看得上那两箱旧衣衫呢？更何况那时的张爱玲早已呈现出了小资的姿态。她那么爱美，在9岁时，就拿着自己的稿费去买了口红。

曾经，张爱玲对姑姑如是抱怨道：“如何就轮到我被周济了？”

——她，可是有着不食嗟来之食之傲骨的清高女子。

只是，傲骨即便大于山，终无法逃脱穿继母旧衣的命运。如是，张爱玲便生出一辈子都无法忘记的难堪及羞耻之心。要知道，那时她所上的圣玛利亚女校是上海最好的贵族学校之一，是为培养中国式西洋淑女而“缔造”的，校园里行走着的全都是打扮入时、洋气的天之娇女。而唯独她，穿着继母那过时、样子老旧、颜色灰暗的衣衫，躲闪着急急溜过。爱美的那颗心，被伤得生疼地流着血。

我看过一张她和姑姑在阳台上的合影——苍白木讷、了无生趣，看起来竟然比姑姑还要老。身上穿的正是那件被她形容为“碎牛肉颜色”的薄棉袍。

这伤害，我想，任谁都会用一辈子的时间去忘记吧。

所以，对于“赠”她旧衣的继母，张爱玲的怨恨一辈子都无法消减。

后来，买了无数鲜艳却几乎不可能穿出去的衣衫的张爱玲，将此作为对继母“赠”衣的痛诉。

可是，回过头来看，这整个事件中，孙用蕃是如此委屈。她出生在一个姊妹多、竞争激烈的大家庭里，面对的是一双袜子都会被他人觊觎的惨烈竞争。所以在她看来，这些衣服是一笔不小的财富。更何况，那些衣服的料子都是好的，没怎么穿过。

可是到头来，她这行径却成了张爱玲痛诉她是个十恶不赦的“母夜叉”式的继母的最好证据。

情何以堪，情何以堪呢！

姑姑，一生的眷爱

（一）

姑姑张茂渊，对于张爱玲而言，是一生的眷爱。

在张爱玲最孤苦无依的时候，是她似母亲般在一旁呵护着她，即便有一段时间生活十分拮据，她仍没有嫌弃过寄居在一起的张爱玲。

有时我在想，如若没有她给予的10年相伴的温情时光，那个横空出世的才女张爱玲便不复存在了。试想，在父母不断升级的争吵中，家的崩溃、亲情的分裂、后母的阴险、童年的悲切，种种乱世中的无遮无拦的破碎，让张爱玲如何面对呢！所幸，有姑姑张茂渊这么一个重情义的亲人能予以收留，才让张爱玲得以度过那冷若冰窖般的岁月。

她们朝夕相伴、相依十余年，她始终待她如女儿般亲。

由我看来，黄逸梵长年在国外，姑姑强似张爱玲的母亲。那些年里，她是张爱玲遇事可以商量的人，亦是唯一可以帮她拿主意的家人。

因为爱着张爱玲的缘故，我开始用一颗关爱的心细读起这个身为张爱玲姑姑的女子来。

跟张爱玲的母亲黄逸梵一样，她亦是个新时代的新女性。少女时期，和张爱玲母亲非常要好的她，常常和嫂子一起学习、唱歌、弹钢琴、学画画、买时装。她跟黄逸梵一样，厌恶并且看不起哥哥消沉、腐朽、萎靡的遗少生活。

为追求一种品质的、积极的、向上的生活，她于1924年越洋到遥远的英国留学。

也就是在这一年，这一次的远行，她邂逅了一生的恋人——风度翩翩的李开弟。

在从上海驶向英国的渡轮上，因为船颠簸的缘故，张茂渊和黄逸梵止不住地呕吐。这时，谦谦君子的李开弟主动过来照顾她们，很绅士地端来热水，递上热毛巾，还冲了两杯沁心的龙井茶。细心到令人感动，令任何一位女子都会动容。

傍晚时分，已经有所好转的张茂渊站在船头，欣赏海景，只觉有人从背后将一件衣服悄悄地披在自己的肩上。于是回头，眼眸环顾下，便生出一抹注定半生痴缠的情缘。那个为她披衣的人，就是深情款款的李开弟。

彼时，李开弟26岁，她25岁。

甲板之上，李开弟深情地用英语为张茂渊朗诵拜伦的诗，而她则以一张俏脸专注地倾听着。航海线上，湛蓝的天空下，流动着的全都是他们情愫激荡下的暖湿气息。如此，真美好。

然而，感情的事往往难以预料。人说，两情相悦，未必都能终成眷属。于他们而言，应验得很。在交往不久后，一道无以逾越的沟壑就横在了他们面前。那就是，张茂渊赫赫声名的家世背景。

在年少气盛热血男儿李开弟的眼中，签了丧权辱国条约的李鸿章，就是一个十足的民族败类；而张佩纶亦非英雄，狼狈逃窜致使作为“马尾之败”主帅的他亦难逃罪责，是为十足的懦夫；其兄则是个吸食鸦片、嫖妓的浪荡子。如此家境下的张茂渊，便不由得在他眼中变得低了下来。而欲和心仪的张茂渊双栖双飞的事便也就搁浅到喉咽间了。

只是很快，他又发觉自己错了，而且是大错特错。

他发觉，张茂渊原不是他想象的那般只会依附大树生存，而是心存着一颗男子般雄心的坚毅女子，其自强自立的性情亦与她的家族格格不入。如是，他有了深深的自责，欲挽回，却为时已晚。此际，他已经和一位女留学生结为连理，且妻子刚刚有了身孕。

一段情缘，由此注定成为一场开在伤口上的烟花，绚烂过，却终灰飞烟灭！

只是，苦了张茂渊。

她本是那种情不露于色的冷美人。虽说着一些“冬之夜，视睡如归”之类的俏皮话，却不懂得如何释放心性。所以，在李开弟之后，情感之中清冷高傲的她便再学不会爱人。她曾经对婚后的李开弟说：“今生等不到你，我等来生。”这样的决绝痴情，我是被感动了。何况，她并非说说而已，事实上她亦是用自己多半生的岁月、长达半个世纪的时间来承诺。

在那长长久久的半个世纪的等待里，她隐忍地退让了，只作为好友与他交往。60年里，他们从未越雷池半步，而她更独身自好于始终未嫁。

写到此，我泪盈满眶。此时，窗外明艳大好，我却无以掩饰住这份对她的心疼。人说，3年于女子是如华乇似水、彩云追月。而这60年，该是怎样慢慢无尽的煎熬呢，真真是“长河渐落晓星沉，碧海青天夜夜心”！

所幸，时间将无数个事件润泽成珠，且珍藏下来，眷顾地留给他们两个如此相爱着的人。

那一年，李开弟的妻子因病而亡，临终前，她拉着张茂渊的手，深情地说道：“我早知道你和李开弟是情投意合的一对，当初他对你的出身抱有偏见，对你的个性也不甚了解，他是一个粗人，断然拒绝了你的初恋，贸然和我恋爱结婚。真的，当初我一点儿也不知情，你把你的恋情暗藏在内心深处，我竟然一点儿没有察觉出来。等李开弟了解你的为人个性，了解你的坚忍不拔的恋情之后，我已经怀孕，和他再也分不开了。他苦恼过，悔恨过，内责过，但是一切的一切都晚了。你作为李开弟的初恋情人是那么地专注于爱情，在长达52年不间断的交往中，你没越雷池一步，这点是我在暗自观察中的深刻认识。李开弟也是一位谦谦君子，你视我儿子为己出，李开弟视张爱玲为己女，这一切的一切我都看在眼里，记在心里。我将不久于人世，我过世后，希望你能够和李开弟结为夫妇，以了结我一生的夙愿，否则我在九泉之下会死不瞑目。”

如是，苦恋久久的他们，才有情人成眷属。

只是，令世人惋惜的是，她早已从“两鬓秋蝉翼，宛转双蛾远山色”的少女变成了“尘满面，鬓如霜，相顾无言泪千行”的老妪。

不过，我知道，于她而言，能如此就足够，一生无憾。

从豆蔻年华到迟暮之年，一个人，一段情，近一生。这样的情事，是一种多么奢侈的事呀。张爱玲曾说：“人生是在追求一种满足，虽然往往是乐不抵苦的。”我想，睿智冰清的张爱玲，在这一点上，是明白如此爱着的姑姑的。

我每每看张爱玲的故事时，都如履薄冰般为着她那些令人心疼的遭遇揪心。唯独看到她和姑姑在一起时，心是舒缓的。我知道，张爱玲只要身边有她，便什么都不必担心了。因——

她的坚韧，赋予了张爱玲。

她的傲骨，赋予了张爱玲。

某些程度上，她培养了一个强大、无坚不摧、无所不能的独立的张爱玲。

（二）

她虽视张爱玲如己出，与张爱玲表达感情的方式却也极其寡淡。

那些年里，从父亲家逃出来的张爱玲，跟姑姑同住的时光里，心境亦是如同紧绷着一根弦般紧张着。

在她的回忆里，有着这样的一幕：她着急到阳台上收衣服，不小心膝盖磕到玻璃门上。瞬间，汩汩地流着血，直溅到脚面上，她慌忙涂上红药水，一眼望去，那伤口被渲染得煞是可怖。她给姑姑看，姑姑弯下腰，匆匆一瞥，知道不致命，就关切地问起碎掉的玻璃来。张爱玲顾不得伤口的疼痛，心酸地赶紧去配一块回来。因为她知道，姑姑的家对于自己而言就是一个精致完全的体系，无论如何都不能让它稍有破损。于是，她急急地把修理匠找来，花了600元换了一块。

另外，姑姑还经常对张爱玲说："和你住在一起，使人变得非常唠叨（因为需要嘀嘀咕咕），而且自大（因为对方太低能）。"这样的说辞，对于张爱玲可谓是一种致命的禁忌。她曾说，若是别人说我听，我会很愉快；若是我说别人听，过后想想就会觉得很不安。只可惜，姑姑不会在乎她这种感受。因为她是一个习惯直面现实的人，所以就不大想得起来去照顾别人的情绪。

由此，她对待张爱玲的感情，便不似我们概念意义上的那种亲情了。

也正因如此，张爱玲说起姑姑，总是有一种亲热里带点距离感的意味。

我知道，为人处世疏离到如此清浅地步的她，亦是被那阴郁肮脏的家世生活所迫而致。

那年，母亲李菊耦去世后，遗产一直由大哥张志潜（张佩纶和发妻所生的儿子）代管，直到二哥张志沂娶妻生子后才交割分配到他们二人手里。然而，分得却十分不公平。于是，她和二哥联手跟大哥打起析产官司。谁知关键时刻，二哥却丢下她倒戈了。张爱玲说是继母趋炎附势从中拉拢过。吃了个大大闷亏的她，自此再不与哥哥们往来，并声明不喜欢"张家的人"。对张爱玲的好，全然是因为张爱玲贴上来的。

自此后，烈性的她再不轻易惹情牵，冷漠孤傲得连侄子张子静都怕她三分。也是，她对张爱玲的弟弟张子静远远没有张爱玲好，虽然知道他亦是一个可怜的孩子，但是，却无论如何都做不到关切。赶上饭点，亦会冷漠地翻脸撵走他；张爱玲要是不在，她就更没商量地对他关上自家的大门。之后的数十年，任岁月晦暗不明，他们之间都未曾通过书信。其实，张子静是想过要看望她的，然而出于害怕还是作罢了。

其实，她早已被生活的污秽所伤，再无法用真心对待亲人。她受到太大的来自亲情的伤害，已心冷意冷了。于是，有着精神洁癖的她便不惜“对自己狠一点儿”，彻底地抽身而出与虚伪的情意一刀两断。她只要那“刻骨的真实”和“刀截般的分明”。

张爱玲最欣赏姑姑的地方就是她的这种个性。那些年里，她极力追随姑姑的生活方式——自己挣钱自己花，自己管自己，自由自在地住在公寓里，清清静静，没有人事纠缠，过着一种清洁爽利的生活。

能被清寡的张爱玲如是欣赏眷爱，我知道，她定是个可爱至极的人。后来，看了记述她生活场景的文字，我更如此断定了。

文字中说她擅长自嘲（自嘲是自恋的天敌），有一回，她生病了，许久都没能痊愈。于是，她带点嘲笑地说道：“又是这样恹恹的天气，又这样虚弱，整个人像一首词。”而不是，将自己当成一个病西施式的薄命红颜黯然神伤。

她不喜欢文人，某一次却说出“我简直一天到晚地发出冲淡之气来”。

有那么一天夜里，非常寒冷，她急急地往被窝里钻，嘴里竟说出“视睡如归”这样文绉绉的话来。

她亦十分幽默。有一次，洗头发，看着洗得墨黑的水，她说出“好像头发掉色似的”调皮话来。

张爱玲十分喜爱这样的姑姑，她曾说：“我姑姑说话有一种清平的机智见识。”

对于这样睿智、清寡的女子，我亦是欣赏喜爱的。

看过她和张爱玲的一张合照，身材颀长，长相俊美，整个人散发着一股沁心的清丽。这样的女子，是容易令人心生欢喜的。加之她在那个时代里，能脱离干净那个腐朽的家世，实属异类又令人艳羡、崇敬。

多年里，她用工作养活着自己，始终做一个独立自主的职业女性。

我知道，是她这般清浅执着，赋予张爱玲无穷尽的榜样力量。能让张爱玲板着脸对着迟到者说“张爱玲小姐不在”，能让张爱玲飘飘欲仙地穿着稀奇古怪的衣服，自以为在保存劫后余生的艺术品。她教会了张爱玲按照内心的指示行动，别他——全都是外物，不关己。

因此，她和张爱玲都做到了，对待亲情不那么温暖，对待爱情不那么浪漫，只追逐着一种“脱媚俗”的人生。

1991年6月，她于上海去世，享年90岁。身在国外的张爱玲，因种种原因未能回国看望她一眼。

当时，已91岁的李开弟先生给张爱玲写信，希望她能回来看姑姑最后一眼。然而，此际的张爱玲生活处于一种窘迫的情状，于是，只能回信表示哀悼。但是，毕竟眷爱，言语中尽见情动：“收到信的前一晚听到有人在窗外叫着姑姑的名字。我醒来一想，在窗外呼唤姑姑名字的阿姨早在几十年前就去世了，为什么会叫姑姑的名字。第二天便头痛了一天。第三天便接到姑父的来信。”

我深信，这样的姑侄二人，是心有灵犀的。在她们内心亦为彼此留有一处柔软，在那处，她们彼此关爱、挂念、眷恋着。

弟弟，疏离的亲情

（一）

对于弟弟，张爱玲是疏离的。

《对照记》中，张爱玲用那种淡如白开水般的疏离笔触记述弟弟，读来于我有一种深深的心疼。

他总是怯怯的，黯然地站在才华惊世的姐姐身边，抱着玩具，却仍然可以感应到他长长睫毛下大大的眼睛里流露出来的畏怯。他总是不知所措，无所依偎，孤孤单单地于惶恐中度过那些漫长的岁月。

他着实可怜。

本以为在那个重男轻女的年代，他应是那个被捧在心尖上的宝贝。就是从小看护着他的女佣张干，亦是这般认为，并处处以自己带的是个男孩，抓尖占巧着。然而，精干刻薄厉害的张干还是看错了风头，在张家这个许多方面皆延续着旧有风气的家庭里，却唯独在这个问题上没有沿袭下去。

黄素琼因为嫡母所养，而受了不少重男轻女方面的委屈。因此，在她成为一家之母时，她便下定决心改变这一情状。多年里，她对张爱玲总好过张子静万千。她曾坚持把张爱冷送到开明教育的学校，张志沂不同意，她甚至像拐卖儿童那样愣是把张爱玲送进学校。对于张子静，她却未想过多管。她想着反正他是张家的独苗，张志沂说什么也会让他受到好的教育。然而，她未曾料到，张志沂没有重男轻女之思想，他因嫌学校里的“苛捐杂税”太多，“买手工纸都那么贵”，便只在家中请旧式私塾先生教张子静读书。

由是，从最初的最初，张子静便成了夹缝中漏下的可怜孩童，是姥姥不疼舅舅不爱的孤苦人儿。尽管他生得秀美可爱，有着好看的大眼睛、长睫毛和小嘴唇，然而他的瘦弱、他窝囊憋屈的个性，使得他远远不如姐姐那般充沛蓬勃地生长着。

张爱玲曾写过这样一段过往：“他妒忌我画的图，趁没人的时候拿来撕了或是涂上两道黑杠子。我能够想象他心理上感受的压迫……我比他会说话，比他身体好，我能吃的他不能吃，我能做的他不能做。”

寥寥数语间，我们是这般真切地看到一个被压抑的寂寞孩童。

晚年时期，他也曾在回忆文章里写道：“那时姐姐已进了黄氏小学，住在学校里。每逢假日，家里的司机会去接她回家。父亲仍然不让我去上学，我在家里更为孤单了。以前私塾先生上课，姐姐会问东问西，现在剩下我自己面对私塾先生，气氛很沉闷，我常打瞌睡。不然就假装生病，干脆不上课。”

看这段文字时，我能想象他那时的孤独无助，心遂疼惜开来。

其实，童年时期，张爱玲是喜欢这个弟弟的。某些程度上，秀美、笨拙的他，像个有趣的小玩意儿雀跃在张爱玲的心中。然而，随着她的成长、她接受新鲜教育，她的世界越来越宽广，渐渐地便对越来越不争气的弟弟产生了疏离感。

每每从住宿的学校回来，都会听到众人讲述弟弟的种种劣迹：逃学、忤逆、没志气。这时的张爱玲因为怒其不争的缘故比谁都气愤，然而眼前的弟弟确实看上去很不成材，穿一件不甚干净的蓝布罩衫，租来许多不入流的连环画看。一股恨铁不成钢的心绪瞬间席卷而来，使得她因气愤而激烈地诋毁起他来。

父亲张志沂，更是不待见他，顺势着，继母孙用蕃便加倍冷落虐待起张子静来。

那日在饭桌上，张志沂为了一点儿小事，打了张子静一个耳光。张爱玲看了，大大震动，眼泪也不由得落下来。自是引来孙用蕃的一番戏弄，她花枝招展地颤笑起来，说：“咦，你哭什么，又不是说你。你瞧，他没哭，你倒哭了！”

张爱玲丢下碗冲到浴室，对着镜子，看着自己的眼泪，咬着牙说：“我要报仇。有一天我要报仇。”然而就在这时，一只皮球从窗外蹦进来，弹到玻璃镜子上，原来是弟弟在阳台上踢球。他早就忘了刚刚的不愉快。张爱玲顿时感到一阵寒冷的悲哀，没有再哭。

我想，应是从这刻起，张爱玲对他产生了深深的失望，并在随后的日子里，渐渐地疏离开来，且渐行渐远。

之后不久，张爱玲和父亲、继母彻底闹翻。在经过半年之久的监禁后，她成功地逃到母亲那里。自此，那个冒着咕噜噜苔藓氤氲之气的家，便只剩张子静一个孤单的人。

他亦想学着张爱玲那般也逃到母亲的家里。是年夏天，他带着一只报纸包着的篮球鞋，眨着一双潮湿而无助的大眼睛，吧嗒吧嗒地望着母亲，说也不回去了。可是，他忘记了母亲的理性。最后，黄素琼用超冷静的语气对他解释，说自己的经济能力只能负担一个人的教育费，而名额已经被姐姐占据了。你要回父亲的家，好好地读书。

张子静听后哭了，张爱玲也哭了。

最后，他只好回到那个已没有暖意的家，孤单地留在那里，战战兢兢地过着看不到光亮的日子。并且，在父亲的冷落下、继母的虐待下，逆来顺受着。

乱世中，人人自身难保。谁都无能为力吧，包括张爱玲。

后来，她在小说《茉莉香片》里，曾虚拟过他在那个家的生活状态，一个阴郁、懦弱到有点变态的人，有着严重的精神上的残疾。

我想，写这篇小说的初衷，还是缘于自己对弟弟的疼惜吧！

只可惜太过刻薄了，让人读了仍为那个寂寞的男孩，产生深深的心疼。

（二）

在一个清冷的晚上，我还是忍着心疼看完了关于他的一生。

长长的岁月里，他的一生煞是清冷，清冷得可以令人心生深深寒意。

有那么一个时刻，我不知道该用什么样的笔触对他继续描述下去。

我亦知道，我真的做不来张爱玲的冷冽，什么都无以左右情绪，只任笔端叙写要说的事或人，抑或故事。

因为我在那个清冷的夜晚，不能自控地为着这样一个远的人落下疼惜的泪。

不过，关于他的故事仍要继续。

姑姑张茂渊，亦是不甚喜欢他。面对他时，她的冷淡总是摆在脸上。有次，他去看望姐姐张爱玲，聊得尽兴，不觉到了吃晚饭的时间。这时，姑姑过来不客气地对他说道：“你如果要在这里吃饭，一定要和我们先讲好，吃多少米的饭、吃哪些菜，我们才能准备好。像现在这样没有准备就不能留你吃饭。”

他听后，慌忙告辞。

姑姑张茂渊，认为一直在父亲和继母的照管下生活的他，势必深受了他们的影响，因此始终对他保持着一定的警惕和距离。

而跟随姑姑多年的张爱玲，对他的态度也日趋不同。常常，也会对他表现出不耐烦来。曾经，他跟一帮朋友办了份杂志，想着让已出名的姐姐写篇稿子壮壮声誉。然而，张爱玲却很不客气地回绝道：“我不能给你们这种不出名的杂志写稿，坏我的名声。”并且，他要是想看看张爱玲，也经常是十有九次，不被接见。

即便如此，他仍觉得姐姐特别、优秀。他已长大，再没了童年时的小小嫉妒，而是顺应天意地接受，并且甘愿在姐姐的光芒里来去，而不觉得一无是处。他只是想从姐姐那里得到更多的温暖，那种来自亲情间的温暖。

只是，他不知道的是姐姐早已在母亲、姑姑的人生观的影响下，变得冷然。她已经学不会如何让亲情变暖，她早已对这个如父亲一般染指赌博恶习的弟弟心生失望。1952年，她离开上海到达香港，并打算从香港去往美国。行前，她都没有告诉他。他一如往常地去姑姑家看望姐姐，姑姑拉开门，冷冷地对他说，你姐姐已经走了，然后就关上了门。

他顿然陷入一种无尽的黑暗中，走下楼，忍不住哭了起来。

他再一次被亲情遗弃。

曾经，母亲黄素琼从国外回来，住在姑姑家中，叫他过去吃饭。眷顾亲情的他，便恳请母亲留下来，找一个房子，跟姐姐和他共同生活。然而，得到的答复却是："上海的环境太脏，我住不惯，还是国外的环境比较干净，不打算回来定居。"

他定然会失望，然而，未曾有任何人关怀过他是否失望。

所以母亲在1948年，毅然离开。姐姐在1952年，也离开了。

他成了上海滚滚红尘中被亲情遗忘的人。

他爱着的、眷念着的两人，相继离开。他只好，于无奈中去找父亲和继母。

可惜，不管谁都不曾为他真的着想过。父亲张志沂，对自己甚是慷慨，却对他吝啬至极，为了省钱，干脆不提他娶亲之事，以致他终身未娶。如此冷血的父亲，我还真不曾见过。

话说回来，父亲张志沂还不如一直被张爱玲痛恨为恶人的继母孙用蕃。在她去世后，分遗产时，将青岛房租的十分之三分给张子静。在那段只有她和他的岁月里，孙用蕃亦想过将他遗弃，她想和自己的弟弟同住，让弟弟做户主。这遭到了张子静的激烈反对，因为如此一来，在郊区学校教书的他退休后就没办法回到上海市区了。孙用蕃知他心意，便不曾像黄逸梵那般继续坚持自己的想法。不久，张子静的户口迁回到市区，落在了孙用蕃的户籍上。晚年时，他亦得以在孙用蕃留给他的那间14平方米的小屋里安度。

我无法断定，这两个人之间的情分。但是，我却也真实地看到孙用蕃对他付出的感情多过张爱玲和黄逸梵。

1986年，孙用蕃去世。孤身一个人的他，开始寻找姐姐的音信。辗转中终于和姐姐联系上了，但是亲情疏离，他并没有获得来自姐姐的温情，而是冷生生的话语："没有能力帮你的忙，是真觉得惭愧……其实我也勉强够用……"

我不知，他是怎样给姐姐写的信，但是我真切地看到了一个"天性凉薄"的事实。

而他对姐姐的感情却始终如初。

他想长期幽居的姐姐，定是艰难的。于是，便将自己小屋的门打开，为的是让姐姐随时回来。

只是，他再没有盼到她回来。1995年9月，张爱玲于睡梦中去世。

他在大洋这边获得消息，大脑一片空白。在哀痛中，他找出姐姐的书，一翻竟是那篇《弟弟》。看着那些熟悉的文字，他的眼泪止不住地流下来。他凄哀道："很美的我，已经年老，没志气的我，庸碌大半生，仍是一个凡夫。父母生我们姐弟二人，如今只余我残存人世了。”

哀痛如此，想必只有他一人能承受。

第二年，他亦去世。我查不到任何文字，对于他的去世进行描述。只希望，去往天国的他，可以和他心底始终眷爱的姐姐、母亲会合。如是，好能温暖他这郁郁落落、孤独惨淡的一生。

第三章

深艳才情，浮世悲观

夜阑珊，人寂静时，

我在她那些华丽而苍凉的文字里穿行，

呼啸而至的是——

一大丛开在阴暗角落里的罂粟花，

凄红而妖艳，

以及那暗里也藏不住的浮世悲欢。

于是乎，我沉醉了，

沉醉在她那抹掩不住的“深艳才情”里……

其人如天，天赋才情

（一）

那日，挑灯夜读看胡兰成写的关于张爱玲的那段《民国女子》。看到这样的句子："张爱玲是其人如天，所以她的格物致知我终难及。"蓦地幡然而知张爱玲深艳才情下的睿智了。

诚然，翻阅张爱玲才情始末，不难发现她那些字字句句，原只应天上有。

通俗些讲的话，这是天赋的才情！

那时，她三四岁的样子，还不叫"张爱玲"，大家管她叫张瑛；那时，张家还富庶阔绰，不识人间愁滋味的她，便随着赋闲在家的母亲，学习唐诗。字还不认识，竟只靠字音背诵便朗朗上口，且感人至深。据说，某次她随用人一起去拜望一位年事颇高的二大爷。一进门，坐在藤椅上的老人家就招呼她“背个诗给我听”。她便声情并茂地背诵起“商女不知亡国恨，隔江犹唱后庭花”。语言未落，老人的泪即纵横了。还未经世事的她，“眼看着他的眼泪珠滚下来”，心下惶恐的是自己的信口吟诵才引得他那清朝遗老泪流满面。其实，她远不必这般惶惶。

要知道，这是她才情的小露，才打动了那个伤感的清朝遗老。

事实上，从婴孩时期，她就已经表现出了非凡的异于同龄婴儿的地方。那时，她懒于啼哭，只睡在摇篮里安安静静地用她那双纯净如水的眼珠打量着感兴趣的每一件物品。长时间的审视，仿佛要从那一盯一看中生出思想来，如是好早早地将这生之世界、存之人生看个透彻。

7岁时，当家族中的其他孩童淘气时，她已写就了一篇惊人眼球的历史小说，而且写得颇见深邃之感，且看她一开头便来了句“话说隋末唐初的时候，是一个兴兴隆隆橙红色的年代……”

8岁时，她即读《红楼梦》和《三国演义》这样的名著了，而且在那些锦词佳句中，勾起了她与生俱来的文字才情。那时小小的她，看明月挂窗外、皓月千里时，可生出幽怨的古时意境来；看到春风拂柳、燕来时，竟说不出话来地惆怅。一本《红楼梦》，更是从此伴随了她一生的写作。她曾如是说：“人生恨事：一、海棠无香；二、鲥鱼多刺；三、曹雪芹《红楼梦》残缺不全；四、高鹗妄改死有余辜。”也正因如此，成年后的她为了绵延小时对《红楼梦》的那份热爱，而撰写了一部《红楼梦魇》。

我想，在那么小小的年纪里能如此才情四溢的人，还真不多。那冷然的黄逸梵能如此看重张爱玲并由此眷顾她的缘由，便亦始于此。

她以一双慧眼，看到深掩在女儿身体里的那份惊世的天赋及才情。要不，她不会那般三番五次地跟张志沂争吵，要送小张爱玲到学校接受正规教育。然而，固执、吝啬若张志沂，就是无论如何都不愿意花钱在这上学上面。他仍旧坚持着旧时的私塾教育，认为那些洋人办的学堂无法教出好来。让女儿也同她母亲那般，满口英文，撒丫子满世界跑？这是无论如何都不能容忍的。

可是，作为新女性的黄逸梵，在留过洋之后，更体味到不受正规教育的苦。此际的她，断然不会让如此聪慧的女儿重蹈自己的覆辙。于是，她索性不跟食古不化的张志沂沟通，而是在某一天，趁着他上楼休息的时候，像拐卖般拉着女儿的手偷偷地从后门溜出来，径直到了黄氏小学报名处。

那一年，张爱玲已经10岁。

母亲在填写入学证的时候，觉得"张瑛"这个名字叫起来不够响亮。于是乎，犹豫片刻，歪着头写下了"张爱玲"三个字。这三个字，她亦不甚满意，只是一时想不起更好的来，便暂用了张爱玲英文名字Eileen的音译。她是想着等日后想好了再改，殊不知，正是"张爱玲"这三个字在日后鸣动上海滩、风靡全球。

而对于有着浓郁文字情结的张爱玲而言，这名字亦是不满意的。她曾在一篇随笔《必也正名乎》中，如是写道："我自己有一个恶俗不堪的名字。"

于是，后来她给自己取笔名"梁京"，却不见山不见水地沉寂着。倒是她小说里的人名，确切地好，比如：范柳原、白流苏、葛薇龙、言丹朱、碧落、娇蕊、愫细、绫卿……雅致纤巧，富有诗意。然而，试想现实生活中，若是被叫着这样的名字，总有不真实的感觉。我想，她亦是有这般认识的，要不，她怎会又如此这般轻省地说道：“我愿意保留我俗不可耐的名字，向我作为一种警告，设法除去一般知书识字的人咬文嚼字的积习，从柴米油盐、肥皂、水与太阳之中去找寻实际的人生。”

但于我，是甚觉这“张爱玲”三字的好。爱，眷爱、挚爱……如是温暖；玲，玉器碰击的美妙声响……如此婉约。

（二）

由于自小学到的那些文字功底，已10岁的张爱玲直接插班到五年级就读。她亦珍惜这样的学习机会，认真刻苦地安于学业。

那时，因为寄宿，她有了一段很有规律的生活——星期一早晨坐着父亲的汽车由司机送到学校，星期六再由司机接回家。而保姆何干，则在每星期三的时候给她送去换洗的衣裳和食物。逢着周末和寒暑假这样的假日，她便可以做许多自己喜欢的事情：看电影、读小说、去舅舅家找表姐妹聊天或到姑姑家玩。

这样的生活，着实令仍被困在家里念私塾的弟弟羡慕不已。事实上，于她，亦是满意非常。

另外，新式教育更是赋予她新颖的创造性的文艺灵性。她开始照着报纸副刊的格式，自己裁纸、写稿、画插图，竟弄得像模像样。张志沂亦对有着如此斐然文采的女儿重视起来，常常把女儿的大作展示给亲朋好友看，并不无得意地玩笑着说：“这是我女儿办的报纸副刊。”

这样的“一个人的游戏”，着实新鲜好玩。小张爱玲的日子，过得舒适温馨。

可是，不多久，母亲黄逸梵与父亲彻底决裂。他们用一纸写有“离婚”字样的东西了结了他们之间纠葛多年的婚姻。

张爱玲便有了伤感，亦开始学会用文字寄怀某些情愫、哀伤，并将留有母亲气息的姑姑家当作心底最深的眷恋。

不过，她并不万念俱灰，因为她的身边还有重视自己的父亲。渐渐地，她和父亲的关系有了那么一点儿相依为命的感觉。他们父女俩常常一同出去看戏、买点心，回到家再高谈阔论一些戏或小说。

这样的生活，亦是好的，于那时的张爱玲而言。

跟着父亲，她看了很多京剧，《四郎探母》《得意缘》《龙凤呈祥》《玉堂春》《乌盆记》……父亲亦耐心地给她讲解，什么是“云板”，什么是“响板”，什么是“新剧”，什么是“旧剧”。时常，他还会拿着彼时最流行的《戏剧月刊》，对当时的一些名旦评头论足，每每张爱玲在一旁都听得津津有味，得意处，还忍不住笑出声来。

那段日子，她亦对戏剧、章回小说、古体诗产生了浓郁的爱好，最迷的仍然是那本影响了她一生的《红楼梦》。常常，她会一边读《红楼梦》，一边“香菱学诗”般读——“天对地，雨对风，大陆对长空，来鸿对去雁，宿鸟对鸣虫，三尺剑，六钧弓，人间清暑殿，天上广寒宫……”她爱极了古诗文中那些端整秀丽的对仗，于是乎，她亦洋洋洒洒地一口气作了三首七绝，父亲看了，夸奖不已。而她自己，亦为此欢心。

那时，父亲有一个很大很大的书房，这于张爱玲而言无疑是座如阿里巴巴故事般的宝藏。她经常时不时地溜进去，翻阅诸如《海上花列传》《醒世姻缘传》《水浒传》《老残游记》《官场现形记》《儒林外史》《金粉世家》等名家著作。而且每每阅完，总要和父亲讨论一番作品的优劣。那时，张志沂总是很认真、细心地听着，然后耐心地为她分析辟理。这样的天伦之乐，亦深深地种在张爱玲的心中。

就是在这段时间里，张爱玲开始了真正意义上的写作。

上学第一年，也就是黄氏小学时期，她便写就了生之岁月里第一篇有头有尾的小说。情节大致如此：讲一个三角恋，一个叫素贞的女子，聪明善良，有一个心仪的男友叫殷海生。只可惜是个花花公子哥，后来竟然和素贞的女朋友好上了。面对两个在心底分量很重的人的背叛，素贞伤心欲绝，最后在西湖投水自杀。

这篇小说写在了一个小本子上，后来在同学间传开，大家争相阅读，致使字迹模糊。可见，此篇小说对大家的吸引度。亦说明那时的张爱玲已具备超凡的讲故事的本领。

（三）

1931年秋，她进入上海圣玛利亚女校，开始度过近7年的中学生活。圣玛利亚学校，是上海一所声名显赫的贵族学校，以为上海滩培养名媛淑女为办学宗旨。

但是，这些与张爱玲无关。

张爱玲需要的是这个洋溢着西式风情的学校能带给自己一片可以自由呼吸的天地。虽然父亲对自己不薄，但是浸染着浓郁旧时思想的他仍不是一个理想的好父亲，他亦时时萎靡腐败，将一个家弄得冷漠、阴郁，这让张爱玲十分想逃，所以能住宿于学校，无疑是种精神上的解脱。

不过，她和那些求学目的明确的同学不同，因为她从未想过要将这所学校当作成为某某太太的跳板。相反，她对此深恶痛绝，且看她在毕业时填写的调查栏里“最恨”的一项是“一个有天才的女子突然结了婚”便可知。

她只是拼命地在这所学校里发奋写作。

第二年，她以12岁的年纪，在圣玛利亚女校校刊《凤藻》上刊发了她的第一篇小说《不幸的她》。一篇短短的仅1400字的小说，却将情节结构安排得跌宕起伏、引人入胜。那一句“我不忍看了你的快乐，更形成我的凄清！别了！人生聚散，本是常事，无论怎样，我们总有藏着泪珠撒手的一日！”着实让读过的人都为她12岁写下的字句而感到惊艳不已。

有人曾赞誉张爱玲，他说：“读张爱玲的文字，因为她的才华有余，所以倍感其行文美丽到要融解，然而亦是素朴的。”这是真正懂得张爱玲的人才能说出的话。

诚然，从最初的最初，张爱玲便有这样的本事，只言片语间，看似漫不经心地信手拈来，却字字珠玑流光璀璨中夹带着绝望的气息。

但是，在这样的文字里，我亦看到了我爱着的张爱玲的伤感。她已习惯了人生的聚散离合，面对离别，亦学会了人前冷漠、人后落泪。她亦明了，这万水千山的漫漫人生路，只能靠自己独行。

不过，她的才情，却愈加被激发出来，如同一抹雨后春笋，一发不可收拾。

紧接着，她在圣玛利亚女校校刊《凤藻》上发表了一篇超出她年龄的散文《迟暮》。文风之老练沧桑，让读过的人无不为之惊叹，皆不敢相信其出自一个中学生之手。

文章中有她母亲的影子。但是能在那色彩缤纷的温暖春天里，感叹着“人生韶华稍纵即逝，不如朝生暮死的蝴蝶那般令人可羡”的伤感心意，不该是她那12岁曼妙清澈着的年华里所有的。

我想，凡珍爱张爱玲的人，皆为她这早慧且敏感的心疼痛。在她这好年华里，应充盈着满满的绿意艳红，而非这样百转千回纠结着的感伤。

不过，若非如此，张爱玲便不是张爱玲了！那个日后其名号响彻华人耳朵的张爱玲！

之后——

她愈加眷爱在学校里的好时光。

她亦成为学校里一个令人瞩目的焦点。

她天资聪颖，各科成绩都在甲或A上。

她的文字不仅受到老师的赞扬，亦受到同学们的追捧。

她小小的内心，便不由得生出几许自信以及骄傲。

而那份对文字的镌刻于骨子内里的热爱，更在那月明星稀的夜晚，蠢蠢欲动着。

才情，那独属于她一人的才情，那只应天上人才能拥有的才情，也在那些柔和的时光里熠熠生辉起来。

一个日后璀璨于上海滩的文学之星，亦在成长中。

如此，真好。

一个人的“盛大”

（一）

日子若是这般过着，亦让人看到温情。

母亲虽然不在身边，但是还可以常常在休息日的时候去姑姑家看望她。

这样，对于住宿的张爱玲，未曾不美好。

然而，母亲再一次选择出国，再一次用千山万水将她们母女间的温情阻隔。这对于敏感的张爱玲而言，无疑是一种痛到无法言语的伤害。

那日，临行的母亲来到学校看她。在校园内，衣着漂亮、气质斐然的母亲，牵着沉静的她的手。她们之间的对话极其平静，未曾有一丝一毫的伤感味道。那时，她还只是个念初三的孩子，却表现出和母亲如出一辙的寡淡。有时，还真不得不让人叹服遗传这回事。

也是，这么多年来，对于母亲，她多的是崇敬而非依恋。常年不在身边的母亲，亦不曾将依恋馈赠于她。所以她不知道如何表达作为女儿娇嗔似的依恋，她只是觉得自己与高贵的母亲如同那年岁相隔较远的姐妹一般。

少顷，母亲简短地问了她在学校的饮食起居的情况，凝视了她片刻，摇了摇头，离开了。

许久，张爱玲还一个人站在原地，隔着那高大松树，漠然地望着那已关闭了好久的红铁门。不知过了多久，她惊觉脸上有了泪珠，慌乱中，忍不住在寒风中大声抽噎起来。

从那时，她就懂只哭给自己看了。

此后，她的生活有了灰色。她寂寥地上着学，落落寡合，并有意无意地与人隔绝。

稀薄的亲情，已将她变得孤独。

在那所贵族学校里，在那些光鲜朝气的学生中，她总是面无表情，独来独往，让人觉得她是那般不合群，而被视为“异类”。

她成了真正意义上的孤单单的一人。

所幸，她对文字的热爱未曾因此而消减。相反，她开始将更多的心绪反映到那些出自她手笔的文字里。

由此，她文学里的光彩依然绽放着锋芒，在那所为打造上海滩名媛淑女的贵族学校里。

14岁那年，她写就了一部有始有终的篇幅较长的著作，即章回小说《摩登红楼梦》。这是一部颇具分量的小说，否则，父亲张志沂也不会为她代拟回目。整部小说，很像那么回事，共计6回：

“沧桑变幻宝黛住层楼，鸡犬升仙贾琏膺景命”

“弭讼端覆雨翻云，赛时装嗔莺叱燕”

“收放心浪子别闺闱，假虔诚情郎参教典”

“萍梗天涯有情成眷属，凄凉泉路同命作鸳鸯”

“音问浮沉良朋空洒泪，波光骀荡情侣共嬉春”

“陷阱设康衢娇娃蹈险，骊歌惊别梦游子伤怀”

在这部小说里，尽显张爱玲若罂粟般妖娆冷艳的文字功底。此际，她已经知道将古典人物现代化表现，并将世态狠狠地批评了一番。连同样是红迷的父亲看后，都赞赏不已。

这样的文采，是会被发掘的。

果不其然，她以一篇自命题作文《看云》赢得一位很有才华、见地的国文老师的重视。这位名叫汪宏声的国文老师，可谓是张爱玲文学生涯里的一位伯乐。那时，他主办了一份以进一步提高学生对写作的兴趣为目的的刊物《国光》，并邀约张爱玲协助担任编辑工作。虽然，对万事似乎都漠不关心的张爱玲婉言拒绝了，却答应为《国光》投稿。这无疑让她那些惊动万千世人的文字有机会更多地面向于世。

她在《国光》上发表小说《牛》《霸王别姬》《读书报告叁则》《若馨评》。无论哪一篇都被大家交口称赞。尤其是《霸王别姬》，深得广大师生的喜爱和关注。彼时，汪老师更是以这样的语言予以赞誉：

“与郭沫若的《楚霸王之死》相比较，简直可以说一声有过之而无不及，这样努力为之，将来的前途是不可估量的！”

这汪姓老师确实通灵，能如此一眼辨得她是一块被时间雕琢的璀璨耀眼的宝玉。

而这篇小说，确也新意无限，别出心裁。

她写的虽是项羽和虞姬的故事，却与千古流传下来的版本不甚相同。文字里，她不感念项羽的悲壮，亦不感念虞姬的忠贞，也不是为他们那段伟大的爱情进行歌颂，而是从虞姬这个忠烈女子的内心出发，从而塑造出一个具有现代独立意识的女性形象。且看她那最后一句话即知：“我比较喜欢那样的收梢。”

彼时，她17岁，却将人生看得这般透彻。

我想，人生在世即是这般吧。一个人，即有自我的内省，自我抵抗命运的“盛大”。若张爱玲这般，自顾自地在文学的海洋里自我畅游，无论年岁。

（二）

她开始大胆设想，设想未来的蓝图——

中学毕业后，要到英国去读大学，要把中国画的画法介绍到美国，要比林语堂还出风头，要穿最别致的衣裳周游世界，还要在上海有自己的房子，过一种干脆利落的生活。

然而，现实总是比理想残酷千万倍。

要知道，在她面前，挡着的不仅是一个腐朽吝啬的父亲，还有一个继母呢。美好理想，如何能轻易实现呢！全都成了泡沫。

寄宿在学校的她，虽然可以远离继母苛刻挑衅的管制，但是继母的影子以及她的旧衣裳却无处不在。她时常还是可以想起，那场在华安大楼举行的婚礼。她和弟弟一起，坐在酒席上，美食满桌，她却觉得难以下咽，如同眼睁睁看着一团火逼近自己。她多么想逃，可是现实却逼得她不得不乖乖地端坐在那里，带着一脸僵硬的笑。

之后，那个婚礼上笑得满靥如花竟见褶子的女子，即成她心底的针刺，刺得她满心伤痕。暂不说那一箱箱腐朽的带着继母难闻气味的衣裳。只说，她挑衅的那一幕，就够张爱玲一辈子无以忘记了。且每每想起，都疼痛难当。

有人将孙用蕃比作“变生不测凤姐泼醋”那一回里的王熙凤，我自认确切无比。且看她，自从嫁到张家那一天起，便一直变着法地以各种方式提醒诸位自己是这家的女主人，并踩着别人来垫高自己。

首要地她将这家的经济大权握在了手心。

大权在握，如何克扣前妻留下的一对儿女，便成了她自己的事。于是乎，张爱玲学钢琴、缴学费常常没有钱；张子静上学堂亦是没有钱。钱都用在她讨好张志沂吃喝玩乐上了；亦用在她和张志沂享乐上了，他们一起吃外国进口的罐头芦笋、喝鸭舌汤、坐新鲜的轿车……

在学校住宿的张爱玲一天比一天懒得回家，亦一天比一天忧郁起来。

偶尔回来，总是听到弟弟和奶妈何干受欺负的种种事迹，如是，更是想逃，逃到自己勾勒的那张蓝图里去。可梦想在现实里哪能那么轻易就获得、实现呢！何况，她还只是个十几岁的孩子，没有本钱让自己独立起来。

于是乎，她变得更加沉默寡言，也更加嗜书如命，有了些自卑导向的自闭，亦有了些和一般同龄女孩子相比的早熟。她冷冷地寂寥地度过她的中学生活。后来我看过一段她的老师汪宏声对那时她的回忆的文字：张爱玲那时瘦骨嶙峋，不烫发，衣饰也不入时，坐在最后一排最末一个座位上，表情呆滞，十分沉默。

我的心开始为这样的张爱玲疼痛，想那时的她该如何才能煎熬过来呢！

但是，这还不是最糟糕的，最糟糕的是那场来自继母挑拨父亲对自己的毒打及囚禁。

为了将张爱玲的疼痛清晰剖析，在这里，我不得不再次将那个画面还原：

1937年，对于整个中国而言是一场大悲剧，对于上海更是。“八一三”事变后，日军进攻闸北，国民党部队连夜从上海撤退，上海因此沦陷，成为“孤岛”。

不过，这对于张爱玲来说不是切肤相关的。

她的悲剧，来自那场灾难。

这一年，她中学毕业。母亲黄逸梵为了她的学业，特意从国外回来，她还建议张爱玲去国外留学。母亲回来，带给于阴霾中存活的张爱玲一抹温情的暖阳。她的眼角眉梢，不由得流溢出快乐。父亲和继母，都发觉了这一点。他们心底，便不能抑制地生出愤愤来——这么些年，都是他们拿钱供她吃穿读书，到头来，这女儿不领情，却向着她母亲？

这让他们情何以堪！

所以，当黄逸梵托人找张志沂谈关于张爱玲留学的事情时，张志沂故意避而不见。不得已，张爱玲只能自己提。可是，她自是笨拙，抑或胆怯，站在父亲的烟榻前期期艾艾地说出学费的请求时，遭来的是父亲一番痛骂，骂她崇洋媚外，听外人挑唆。孙用蕃则在一旁煽风点火地骂："你母亲离了婚还要干涉你们家的事。既然放不下这里，为什么不回来？可惜迟了一步，回来只好做姨太太！"

见此阵势，张爱玲只好望风而逃。

此时，恰逢舅舅一家从芜湖搬到淮海中路的伟大饭店住，母亲也住在那里。失落的张爱玲便借口炮声终夜不断睡不着觉，和父亲商量要到姑姑家住些日子。张志沂知道所谓去姑姑那里其实便是去母亲那里，最后还是无可无不可地点了头。

然而，当住了两个礼拜的张爱玲回家时，便遭到孙用蕃一番打骂，甚至父亲也打了她。被暴打一顿后的张爱玲，被冷酷地扔到一间年久阴暗的小黑屋里。小黑屋在一楼，窗外种满了树，枝叶繁茂将阳光都遮住了，只影影绰绰地从树叶的间隙里漏出一些光亮来。张爱玲看着那些随风蹿动的光亮，如同看一场场鬼魅的魔舞。

……日头之下，她一个人寂冷着。

不眠之夜时，她彻目四望，只觉暗黑的屋子里到处都潜藏着静静的杀机，随时随刻都似要将她吞噬一般。

在阴暗里，张爱玲不幸得了痢疾，上吐下泻，浑身无力，风一吹就倒了。

死，第一次离她这么近。

心疼她的何干，偷偷打了电话给她舅舅。第二天，舅舅约了姑姑一起来替她求情。张志沂臭着一张脸，不予搭理。孙用蕃伺机挑唆，三言两语就挑唆着两兄妹动起手来。激烈争吵中，张志沂抓起烟枪向张茂渊扔去。张茂渊的眼镜被打碎，脸上皮也被擦破，流了好多血。张茂渊因此懊恼，恨恨地对张志沂赌咒发誓说："我以后再也不踏进你家的门！"

兄妹反目，张爱玲自是没能被解救出来。

所幸何干待张爱玲如心头肉，疼惜爱护得很。她不惜冒着被打的危险，去求张志沂看在父女的分上为张爱玲治好痢疾。

几经折磨，仿佛死过一回的张爱玲终于好了起来。然而，这一场病痛，却让她下了决心——她生在这屋子里，绝不能死在这屋子里。

于是，她决定出逃。

然而，她虽若白雪公主遇见恶毒的后母般，却未能若白雪公主遇见拔剑来救的白马王子。

如是，她只能靠自己。

那一天，"隆冬的晚上，伏在窗子上用望远镜看清楚了黑路上没有人，挨着墙一步步摸到铁门边，拔出门闩，开了门，把望远镜放在牛奶箱上，闪身出去。——当真立在人行道上了！没有风，只是阴历年左近的寂寂的冷，街灯下只看见一片寒灰，但是多么可亲的世界呵！我在街沿急急走着，每一脚踏在地上都是一个响亮的吻。而且我在距家不远的地方和一个黄包车夫讲起价钱来了——我真的高兴我还没忘了怎么还

价。真是发了疯呀！随时可以重新被抓进去。事过境迁，方才觉得那惊险中的滑稽。”（张爱玲：《私语》）

这一年，张爱玲18岁。

那一刻，她用她的自我“盛大”，独自撑起了一片天。

母亲的“家”，不复柔和

（一）

逃出去的张爱玲，来到了爱丁顿公寓，这是母亲的家。

此后经年，也是她和姑姑租住多年的家。

这座位于上海静安寺路的公寓，被后来胡兰成觉得“兵气纵横”“现代的新鲜明亮几乎带刺激性”“华贵到使我不安”的公寓，对离家出逃的张爱玲而言，是那样地温暖。

——明净敞亮的客厅，温馨精致的卧房，典雅清爽的书房，嵌着明晃瓷砖的洗手间，有着煤气炉子的厨房，以及宽大的阳台和阳台上的玻璃门，哪一样都让张爱玲看之心欢喜。

这是完全与那个散发着腐朽霉气味道的父亲的家不一样的充满着温情的家。

她爱极了这个家。

其实，于我而言，这个温暖了张爱玲寂冷的心的公寓，是诱惑满满的。

尤其是看了张爱玲在《公寓生活记趣》中描述的种种妙趣。我在文字里时而忍不住掩口失笑，不知不觉间便动了前往的心意。

趋身前去，在暮春时节。晨曦初照时，我看到有装扮入时的女子在热闹地留影。应是和我一样的“张迷”。心下不以为意，无意同她们一般留影作念。我知道，自己犯了寡淡的病。

公寓的大门是虚掩的，大门边上挂了个大理石的牌子，上面写着“张爱玲故居”几个猩红的大字。推门而入，楼道间弥漫着老房子特有的霉气味道，老式的奥斯汀电梯，依稀仿佛间，我看到那个穿着旗袍旖旎而过的张爱玲。

关于她的故事，依然继续。而我的思绪，亦回到20世纪30年代末40年代初的上海滩。

在那座位于整日有电车叮当穿梭而过的静安寺路的爱丁顿公寓里，有张爱玲和母亲黄逸梵以及姑姑张茂渊生活的痕迹。

对于张爱玲而言，和母亲生活的那段时光弥足珍贵。要不，她不会写那么多文章从不同的角度记录那些有着母亲身影的公寓生活。

生活，有了前所未有的新意。从前在父亲家时，从未做过家务，亦没搭过公车。如今，一切从头学起，洗衣、做饭、买菜、搭公车……却在这样的学习中自娱自乐着。

某次，她将洗好的菠菜倒进油锅后，有一两片的碎叶子粘在篾篓底上。倒进去的菠菜在油锅里已经塌成一片，她却不急着去翻动，而是饶有兴趣地把箧篓迎着亮光举起来，欣赏那翠生生的叶子在竹片编成的方格子上招展的样子，并笑着问母亲：像不像是开在篱上的扁豆花？

诸如此类温馨的场景，亦是数不胜数。

这样的生活，真好。

想那时整个世界都在动荡、破坏中，唯有她和母亲、姑姑生活的公寓里是安宁、温馨的。

（二）

只是久了，一切都变得不复柔和了。

心气高的黄逸梵，原是要将女儿张爱玲打造成一个德、才、交际能力俱佳的西式淑女。当初，那样拼却全力地送她到圣玛利亚女校读书，亦是出于这份目的。

然而，在与少女时代的张爱玲生活了一段时间后，她失望地发现，张爱玲离她心目中的西式淑女间的差距远非差之毫厘。少女张爱玲，在日常生活和待人接物方面表现出来的惊人的幼稚，常常让她惊得下巴都合不上。

她曾不厌其烦地叮嘱她、指点她：走路不能横冲直撞，要看路；说话时不能直勾勾地看着人家的眼睛，不能东张西望，要看着对方的鼻尖或眉心；记得点灯后拉上窗帘；不能不分场合地忽然无缘无故地大笑；平时多照镜子研究面部神态，不要总是皱眉或低头；若是没有幽默感，就不要学别人那样说笑话……

可是，即便她这般苦口婆心地说一番，张爱玲依然还是那个愚笨得令她失望的张爱玲：她还是学不会削苹果；还是害怕见生人；尝试过许多次织毛线做女红之类，最后还是失败；在一个房子里住了两年，仍还是不知道电铃在哪里；连着三个月乘黄包车去医院打针，仍无法认得回来的路……

如此这般，黄逸梵忍不住叹息：“我懊恼从前小心看护你的伤寒症。我宁愿看你死，不愿看你活着使自己处处受痛苦。”

张爱玲羞愧起来，意识到自己是那“现实社会里一等一的废物”，开始担心母亲会放弃自己，这让她在母亲的家里有了前所未有的尴尬和不安。

张爱玲正好成长到一个升学的关键时刻，在那时，有一个约定俗成的观念，就是女孩子中学毕业要继续上大学，不一定立刻去读，而是：一是找个合适的婆家结婚，由夫家出一笔钱资助就学，毕业了再生儿育女；二是先工作着，等有一定的经济基础后再继续上学。

不过，这两种选择都不适合张爱玲。

早在圣玛利亚女校时，张爱玲就因一个要好的亦十分有才情的女同学张如瑾的嫁人，而懊恼地在毕业留言簿“最恨”一栏中填上“一个有天才的女人忽然结了婚”。由此可见，选择婚姻于张爱玲而言绝不可能。

至于工作呢，对于在生活上如此弱智，动不动就说“我又忘啦”的张爱玲而言，更是不可能。要知道，那时中学毕业生能找的工作，无非是女书记员、女招待员或女店员，这些工作虽不用很操心却需要极其细心，对于生活能力如此弱的张爱玲显然不适合。

不愿嫁人，亦不适合工作的张爱玲，便只有一个选择，那就是继续上学。可是，这需要一笔相当不菲的学费，父亲张志沂断是不可能拿出这份钱来的，而母亲此时亦不宽裕。

母亲已经有了位美国男朋友，是做皮件生意的，正和母亲商量着去新加坡搜集马来西亚鳄鱼皮来加工制造上好的手袋、腰带，需要一大笔本钱。

恰逢此时，姑姑投资股票失利，汽车卖了，司机和用人也辞掉了。

这些全都让张爱玲愈加地不安起来，她不知道该如何张口向母亲要那么一笔巨额的学费。她曾经在《童言无忌》中写下那时忐忑的心境："问母亲要钱，起初是亲切有味的事，因为我一直是用一种罗曼蒂克的爱来爱着我母亲……可是后来，在她的窘境中三天两头伸手问她拿钱，为她的脾气磨难着，为自己的忘恩负义磨难着，那些琐屑的难堪，一点点地毁了我的爱。"

不过，无论张爱玲如何忐忑不安，对一向对亲情凉薄的黄逸梵而言待她仍是不薄的。在那样的境况下，她肯拿出一笔丰厚的钱来请犹太裔的英国老师为她补习，好让她能够顺利参加伦敦大学远东区的考试。要知道，每个小时的补习费五美元，是多么"奢侈"呀！

如此这样，更是让张爱玲每每去补习时都心惊肉跳。后来，她在《私语》中亦将那心境予以描述："我补书预备考伦敦大学。在父亲家里孤独惯了，骤然想学做人，而且是在窘境中做'淑女'，感到非常困难。同时看得出母亲是为我牺牲了许多，而且一直在怀疑我是否值得这些牺牲。我也怀疑。我常常一个人在公寓的屋顶、阳台上转来转去。西班牙式的白墙在蓝天上割出断然的条与块。仰脸向着当头的烈日，我觉得我是赤裸裸地站在天底下了，被裁判着像一切的惶惑的未成年的人，困于过度的自夸与自鄙。这时候，母亲的家不复柔和了。”

行走在不属于她的红尘阡陌上，自傲的张爱玲有了浓重的自卑感。

所幸，在她的前方还有一个美好的文学世界等待着她驾船渡过。仅如此，于她便是莫大的静好了。

香港岁月，终究过客

（一）

1939年，因为战争的缘由，以远东地区第一名优异成绩考入伦敦大学的张爱玲，不得不放弃而拿着同一张成绩单来到香港大学开始她的港大生活。

那一年，19岁的张爱玲，瘦、高、戴着玳瑁眼镜，穿着一袭素色的布旗袍，拎着母亲出洋时用的旧皮箱，只身赴港。接她的李开弟说，那时的张爱玲是个神情严肃、沉默寡言的青涩少女。

对于香港，她在这个城市里做了三年的过客，却对其印象非常深刻。曾经，她将初到香港的印象写在《倾城之恋》里："望过去最触目的便是码头上围列着的巨型广告牌，红的、橘红的、粉红的，倒映在绿油油的海水里，一条条、一抹抹刺激性的犯冲的色素，蹿上落下，在水底下厮杀得异常热闹。”

这座繁华的城市，于张爱玲而言，这般深刻，皆在于它给了她三年干净利落、自由自在的生活。

香港大学位于半山腰的一座法国修道院内。在这所大学里，张爱玲灰色的世界里有了别样的色彩。她恣意地学习，恣意地酝酿、积累着自己的文学故事——后来，那路两旁盛开着如火如荼野花的半山，便成了张爱玲小说里的重要背景。

不过，这个崭新的、有着生命力的学校，带给张爱玲的却也不全然都是好的，亦有伤感的东西。

那时，在这所学校就读的学生，多是来自东南亚华侨富商家的女儿，就算是本地的女孩子也多都家境优越。这些阔小姐，皆挥金如土、眼高于顶，讲究吃，亦讲究穿，至于社交活动更是多得如午夜繁星般。张爱玲因靠母亲养活，与她们的贵气自是没法相比。

于是，她从不参加任何社交活动，免得在学费、膳宿、买书费用外再有额外开支。

于是，为打发业余时间，她去的最多的地方是图书馆。那也是她最喜欢的地方，那一排排乌木长台和影沉沉的书架，亦是她感情的储藏地、文化的修罗场。在那里，她愉悦地度过了那悠长的岁月，并在那些熏满油墨香的书卷中，历练出特有的笃定与安宁。

但是，总会有事与愿违的事情发生。

那日，同宿舍的女孩周妙儿邀请全班同学去家里做客，庆祝父亲在买下整座离岛后建造了富丽堂皇的别墅。不过，去那里要自租小轮船，如此来回每个人得摊分上十几块的船钱。张爱玲为了省下这十几块钱，便向修女请求不去。可是，修女非得追根究底，不得已，张爱玲便从父母离异、被迫离家出走说起，一直说到母亲送她进大学的苦楚，说得十分羞窘。

谁知，那修女如此刨根问底一番，却不能做主，回头又去请示了修道院院长，最后，闹得尽人皆知。

张爱玲自是因此大丢面子。然无可争辩，唯有以加倍奋发地苦读来雪耻。

功夫不负有心人，年终考时，张爱玲每门功课都取得第一。同年，她参加的《西风》杂志为创刊三周年而举办的征文比赛，那篇著名的散文《我的天才梦》，获得了名誉奖第三名。第二年，她还拿下了港大文科二年级的两个奖学金。一位英国籍教授不由得为她惊叹：“教书十几年，从未有人考过这么高的分数！”

这样出类拔萃，校方因此减免了她的学费、膳宿费，并承诺等她毕业后免费保送到牛津大学深造。

港大生活，因此有了更多温暖的新意。

同学们渐渐忘记了她的贫穷，更多地对她产生欣赏及赞叹。

而她并不为此而得意忘形，依然那样刻苦，在学习上，在文学梦想上。

她的世界，因此也美好若梨花胜雪，洁如初生。

（二）

在张爱玲所有记述现实生活的文字里，我最喜欢看关于炎樱的部分。因为，那些文字里有暖情的东西，并让我为张爱玲逢着一个这样的知己而高兴。在张爱玲一生遇到的女性中，炎樱的重要性仅次于母亲和姑姑。

炎樱，原名法蒂玛·莫烯甸，锡兰人（今斯里兰卡），是个混血儿，父亲锡兰人，母亲天津人，家在上海经营一家珠宝店。

炎樱，是张爱玲为她起的中文名字。

这个混血女孩，是美的，瓜子脸，丹凤眼，皮肤褐黑，一张轮廓鲜明的脸嵌着一双澄清的黑眼珠，身材娇小而丰满，有着初生婴儿般习性的可爱女子。

天真的炎樱，如同一个活宝，活跃在张爱玲身边。她和张爱玲一起逛街，看电影，买零食；和张爱玲一起分享购物的乐趣：她喜欢买东西时抹掉一些零头。于是，便会动用她讨价还价的可爱方式，她翻开兜叫店主看她所有的钱，并一一数落："你看，没有了，真的，全在这儿了。还多20块钱，我们还要吃茶去呢。专门为吃茶来的，原没有想到要买东西，后来看见你们这儿的货色实在好……"店主，被她孩子气的讨价方式给说心软了，于是说："就这样吧。不然是不行的，但是为了吃茶的缘故……"并且还热心地指给她，附近哪一家茶室的蛋糕最好吃。

炎樱亦风趣、有才情，常常妙语连珠，时不时会迸出一两句语录来，譬如，报上登出加拿大一胎五孩的新闻，她便如是评论："一加一等于二，但是在加拿大，一加一等于五"；看到花间有蝶飞过，她便说：“每一个蝴蝶都是从前的一朵花的鬼魂，回来寻找它自己。”

凡此种种，总是让张爱玲击掌叫绝。后来，张爱玲还专门为她写了一本《炎樱语录》，收录她那些惊艳世人的语句。

炎樱亦胆大、勇敢。她曾在作文上写下：“两个头总比一个好——在枕上。”让看卷子的教授为之瞠目结舌。还有，在欧战爆发，香港被轰炸时，当飞机在天上嗡嗡飞的时候，她还兴致勃勃地一个人偷偷跑去城里看五彩卡通电影，回来后还独自跑到楼上洗澡。流弹打碎了浴室的玻璃窗，她却仍在浴盆里从容地泼水唱歌。惊慌的舍监是一顿怒斥：“你这个笨蛋！疯子！你给我从淋浴间里马上出来！”而她这边却慢条斯理地回答：“带着肥皂泡泡吗？”引得在舍监身边的张爱玲，不由得低头用力忍着笑。

这样的女子，无疑是独一无二、特立独行的。与张爱玲的“遗世独立”“独树一帜”那样地匹配。这样的两个“独”人，融会在一起便成了“双”。由此，张爱玲写了《双声》。

诚然，她们俩走在一起，一个高而窈窕，是“鹭鸶”；一个矮而腴丽，像“香扇坠儿”。从外形上已经相映成趣，再一唱一和地说起话来，成就了一幅令人心怡的妙趣横生的画面。

生性寡淡的张爱玲在港大的生活因着炎樱而有了她此生至为稀有的快乐。有人说：“张爱玲遇到炎樱是一种圆满。”性情活泼开朗的炎樱，总是能够将一片光华照耀在张爱玲的身体里，即使在那样的乱世中，亦让和炎樱在一起的张爱玲体会到生的喜悦。

诚如是，我看到在香港沦陷后，炎樱依然拉着张爱玲满街寻找冰激凌和唇膏。那时，她们每撞进一家食店都会去问可有冰激凌，只要有一家答应说明天下午或许有，她们第二天肯定会步行十来里路去践约。这完全是一种自得其乐的消遣。因为一盘昂贵的冰激凌并不好吃，里面全都是嘎吱嘎吱的冰屑子。张爱玲亦学会了这种自娱的消遣，她曾写道："从那时候起，我学会了怎样把买东西当作一种消遣。街上摆满摊子，卖胭脂、西药、罐头牛羊肉，抢来的西装、绒线衫，蕾丝窗帘，雕花玻璃器皿，整匹的呢绒。"

除了买东西、逛街外，她们还有一个共同的爱好——自己设计衣服。那时，张爱玲一口气拿到两个奖学金——25英镑，在当时的香港已经超过大部分人一年的收入。张爱玲自觉为母亲省了一点钱，于是便大胆地挥霍了一次来奖励自己。她买了点衣料，亲自动手设计了几套"奇装异服"，大穿特穿了起来。

而炎樱也不"示弱"，找出母亲的一条紫红色大围巾，把两头绞下来缝成了一件毛绒背心：宽肩，掐腰，齐腰是一排三四寸长的流苏。穿在她娇小圆润的身上，煞是好看。

穿着别出新意的"奇装异服"的两个人，走在街上，的确成了一道回头率超高的风景线。

想象着这样温馨的场景，我总忍不住为张爱玲欢心。能遇见这样一位知己好友，真真是她人生中的幸事。若非如此，她该多孤独呢！

看胡兰成在《今生今世》里，闲闲的一笔："张爱玲从来不牵愁惹恨，要就是大哭一场，她告诉我有过两回，一回是她10岁前后，为一个男人，但我记不得是张爱玲讨厌他或喜欢他而失意，就大哭起来。又一回是在香港大学读书时，一年放暑假，仿佛是因炎樱没有等她就回上海家去了，她原不想家，这次却倒在床上大哭大喊得不可开交。”可知炎樱对张爱玲而言分量是多么重，重得让一向不哭的张爱玲，为此大哭特哭了一场。

这是怎样的一份心境呢，又是怎样的一份情感呢，我自愚钝，无以能真切予以诠释。就让这情分独存在张爱玲的心底吧。

与君聚，终须一别，于张爱玲和炎樱亦如是。那年，港大迫于战事不得不停办，不在学校的二人，不得不分别。之后，她们断续间相聚。虽然，长时间都处于别离的状态，但是她们之间的那份浓郁的情分，从未因为距离、时间而消减过。

张爱玲这一生人缘疏冷，相交的知己好友屈指可数。但是，我知道，她这一生能拥有一个炎樱即足够！

（三）

在港大的第三年，一场战事，将张爱玲天才梦想的校园，以及通往牛津大学的梦想之路，统统粉碎。

1941年12月8日，太平洋战争爆发，炮弹的火焰也蔓延到香港。

当炮弹一声接一声、飞机一架接一架、炸弹一颗接一颗地此起彼伏时，老百姓拖儿带女地哭号着、躲避着、奔走着……港大学生们，却盲目而轻狂地开心着。因为大考在即，一颗炸弹丢来，大家总算不用挑灯苦读了。

张爱玲在炮火下则不忘读书。

那时，港大不得已停止办公，本地的学生归家，异地的学生只有参加守城的工作才能解决吃住。于是，张爱玲便跟着一大批同学去报名，做了一名临时的防空团员，却并不懂得“防空员”到底该做些什么，人家跑，她也跟着跑。后来，她偶然间发现了一部《醒世姻缘》，便不管不顾地看了起来，房顶上一颗颗炸弹轰然落下，她却只想至少等我看完了吧。

18天后，围城结束，战事熄。

然而短短的18天，却漫长得恍如一个世纪。张爱玲亦在这战事里看尽了乱世里波澜壮阔的荒凉。她曾在围城里待了18天，缺吃少喝，没有被褥，晚上盖报纸，垫着大本的画报入睡。身旁不时传来受伤人的呻吟：“妈妈呀……”多愁的同学拉长音朗诵：“家，甜蜜的家！”港大有不少学生殉难，教员中亦有人殉职。在炮火、病痛、饥饿、死亡中，张爱玲真切地感到了直抵灵魂核心的荒凉，那冷飕飕、无能为力的荒凉。

后来，战事虽然结束，但是她那颗悬了18个昼夜的心却找不到踏实的落脚点了。

发疯？她的灵魂是真的触及那些荒凉以及冷漠、残酷了。生死，由她看来，已经寻常，无谁可逆转。人之存于世，便皆是孤独了。

战事结束，即便在战乱中大难不死，却也没有安稳的去处。短短的18天，昔日繁闹的港大校区，已经荒废，港大就此停办。张爱玲的港大岁月，不得不结束了。

有些仓促，有些始料未及。

三年光阴，若白驹过隙，一切美好愿景，亦全部破碎。

少女张爱玲，在这转折中变得愈加冷漠、孤傲。

一跃而起，惊艳文坛

（一）

1942年5月，张爱玲和炎樱一起坐船回到了上海。

3年，时间不长，但那场战事却让张爱玲品尝到沧桑。所幸，她依然青春年少。在姑姑张茂渊和弟弟张子静的眼中，张爱玲改变了许多，她已长发披肩，更加高挑清瘦，衣着时尚，气质欣然修炼而成。

仍旧住在爱丁顿公寓，只是从原先的5楼搬到了6楼。此时，母亲已经去了新加坡，姑姑的家便成了她在上海的栖息处。房间是被姑姑亲自装饰的，依然温馨洋派，客厅的壁炉、落地灯、沙发，都有一种让人忘记时光的舒适感。站在阳台上，可望到不远处歌舞升平的百乐门，还可以鸟瞰全城。电车声仍是昼夜响彻，亦能在每个早晨闻着咖啡馆的面包香起床。

这种公寓生活依然是张爱玲喜欢的。

然而，仍是有烦恼的。

她还是想继续学业。在港大因为战事没能毕业，张爱玲便想转到上海的圣约翰大学把学业读完，拿到一纸文凭总算是对自己漫长的学习生涯有个交代。只是，此时姑姑亦过得清贫。上海沦陷后，一直在英商怡和洋行做事的姑姑和1000多名在华员工一起被裁掉，转去电台工作了一段时间后，又改在大光明戏院做翻译。几经周折，手头亦没什么积蓄，而且也很不稳定。本来一个人生活也还足够，但在承担张爱玲生活费之外，再承担她学费的话，断是不够的。

本就赤手空拳地来投奔，已经很是拖累姑姑，张爱玲怎么也张不开口再闹着上学，多加一笔学费的负担给姑姑了。

恰巧，弟弟张子静来看望回上海的张爱玲。

他正为考上复旦大学中文系，复旦又因太平洋战事停课而不知所从，得知姐姐想去圣约翰大学的想法，便也决定去考，并承诺为姐姐向父亲争取学费。

弟弟为和姐姐能够在一个大学上学而雀跃着，一回家，便向父亲提议姐姐的学费问题。张志沂虽然气张爱玲的离家出走，并且也没能忘却她的背叛，却为着当年殴打、软禁她的事情懊悔着。不知出于何种缘由，最后他还是答应了，尽管此时的张公馆已经不富裕。他们一家早已搬出原来气派的老宅，住进了一座小洋房里，光景一年不如一年。

他答应给张爱玲学费，但是，他要求她亲自来取。

为了学费，张爱玲终究还是低了头，走进那座对她而言陌生至极的家。

这是他们父女反目后第一次见面，亦是他们一生中的最后一次见面，整个过程，不足10分钟。

张爱玲始终木着一张脸，一点儿笑容也没有。

张志沂亦木着一张脸，叫她先去报名考转学，学费会叫弟弟给她送过去。

然后，她便走了。

自始至终他们之间不见温情。我想，在这次见面之前，他们都是设想过和解的，一个为了赎罪，一个为了释怀。然而，他们最后都未曾如愿。她自从父亲的囚室里逃走后，那记忆便被锁到心的内里，想与不想，都梗在那里，触目惊心；而他经年不见前妻黄逸梵，却还是从女儿的脸上读到了她的神情、气息，于是乎，那种不甘心还是不能自禁地直往体外翻涌而出。

说白了，他们血脉相系，是同一类人——便谁都做不到遗忘，做不到真正的超脱。

这一次见面后，他们之间的亲情亦随缘灭绝。

在我看来，他们都是无情的人。

同年秋天，张爱玲顺利转入圣约翰大学文学系四年级，张子静亦进入经济系一年级。

最令张爱玲心欢喜的是，炎樱也转到了圣约翰大学。她们又如港大时那般出双入对，一起逛街、看电影、买零食。时不时聚在姑姑家，三个女人一台戏，好生热闹。

生活，遂又进入一个令人欢欣的好端口。

（二）

张爱玲在《私语》中说，“乱世的人，得过且过，没有真正的家。然而我对于姑姑的家却有一种天长地久的感觉”。

可见，那时的张爱玲是多么知足。

不过，乱世的人，没有安稳的活法，要拼却精力生存。

在圣约翰大学就读的张爱玲，为了不给姑姑带来负担，更不愿再向父亲乞讨，便萌生了卖文为生的念头。她开始在《泰晤士报》上发表剧评和影评的文章，偶尔也给其他刊物写些关于服装和时尚类的稿件。其中有一篇发表在《二十世纪》杂志上的*Chinese Life and Fashions*（《中国人的生活与服装》，后被译成中文在《古今》杂志上发表，改名为《更衣记》），篇幅有8页之多，并附有她亲绘的12幅关于发型和服装的插画。

时年，英文杂志《二十世纪》的主编梅涅特，对她这篇出手不凡的长文甚是称赞，并为之震撼着，他言“她有能力向外国人诠释中国人”，并夸她是“极有前途的青年天才”。

真真是不鸣则已，一鸣惊人！

以英文写作、影剧评论为开端，张爱玲真正踏上了漫漫文学之路。

看过她的同学刘金川在《万象》上发表的一篇《我所知道的张爱玲》，即可知道1942年在上海圣约翰大学念书时的张爱玲已经很出名。

只是，生活往往都不会尽如人意。在圣约翰大学待了两个多月的张爱玲，选择了休学。

关于休学的原因，我想从张子静写的《我的姐姐张爱玲》中可以知：张爱玲将圣约翰古板的教学方式与香港大学做比较，认为“与其浪费时间到学校上课，还不如到图书馆借几本好书回家自己读”；后来又无奈地说，辍学最重要的原因是钱的困扰。她想早点赚钱，经济自立。

我知道，最主要的原因，还是她不愿再向父亲伸手。虽然，父亲给了学费，但是日常开销仍是一笔不小的数目，而那时的姑姑亦然拮据，张爱玲自是不愿让姑姑为难。

也好，写稿毕竟是费精力的事。

写作，从此成了伴随张爱玲一生的职业。

她曾说：“我生来就是写小说的人”；她又说：“苦虽苦一点，我喜欢我的职业。”

凡是写作过的人，都知道这份职业多么地寂寞，因为无人可与之周旋，昏天黑地里，只一个人在各式的情节里奋战。直到奋战结束后，才有观众。而自己早已退场，未曾参与。

然而，张爱玲却不觉寂寞，她生来即为文字而活。什么寂寞之类，无关她心，亦入不了她心，她却精巧地将生活琐事转为笔下的素材，她细腻地揣摩着市井凡人的喜好，将那些遗落在历史角落里的五味杂陈之旧事，赋予情愫，鲜活地摊在岁月的几案上。

于是，世事洞明皆学问，人情练达即文章。

她的世界，由此纷繁美好而具有新意。在她眼里，什么都是“值得一看的”：夏天房里下着帘子，龙须草席上堆着一叠旧睡衣折得齐齐整整的，翠蓝夏布衫，青绸裤，翠蓝与青在一起便有了一种森森细细的美；浴室里的灯新加了防控罩，青黑的灯光照在浴缸面盆上，一切都冷冷的，白里发青发黑，镀上一层新的润滑油，就此变得简单了，从门外望进去，完全像一张现代派的图画，她觉得如此新奇和喜悦，仿佛爱丽丝走入了仙境；晚上灯下看书，离家不远的军营里会有喇叭吹起熟悉的调子，楼下小孩子捡起那喇叭的调子吹起口哨，她听着如此欢喜，仿佛乱世中逢到了知己……

还有，她那个曾经鼎盛而后衰败的家族及那些在她生命里经过的人和事，皆在她的眼里有了别样的新意。如是，她小心捡拾，以取之不尽、用之不竭的态势将它们予以精妙地抒写。

于是乎，在那座日后被无数“张迷”探访过的爱丁顿公寓里，怀揣着如此新意的张爱玲开始了她至为美妙的写作生涯。

（三）

那时，文坛正寂寞。

上海沦陷的好几年里，诸如茅盾、巴金、老舍、张恨水之类的大家，已渐渐隐身匿迹。

张爱玲在这时一跃而起，以一部别具风格的《沉香屑》在寂寞可怖的文坛里激起万层浪。

在“请您寻出家传的霉绿斑斓的铜香炉，点上一炉沉香屑，听我说一支战前香港的故事。您这一炉沉香屑点完了，我的故事也该完了”的文字中，张爱玲那缕袅袅升起的沉香，即刻便使万千读者为之魂牵梦萦。

那一年，她23岁。

年轻，飞扬，才思泉涌，如一朵恣意魅惑的罂粟，神秘娇艳于那时的文坛。而她这个人，更如同她笔下的杜鹃花，“那灼灼的红色，一路摧枯拉朽烧下山坡子去了”，是从墙里烧到了墙外，直至烧红了整个上海“孤岛”的天空。

接下来，张爱玲的佳作便似枝头繁花，争奇斗艳。

曾经，上海文坛的1943年和1944年被称为“张爱玲年”。《第一炉香》还未连载完，《第二炉香》即起。接着是小说《茉莉香片》《心经》《倾城之恋》《玻璃瓦》《封锁》《金锁记》；散文《散戏》《更衣记》《烬余录》《炎樱语录》《公寓生活记趣》等。

如此噼里啪啦的，无不叫人为之惊艳，这横空出世的女子就是一个传奇！

与她相交颇深的柯灵曾说：“张爱玲在写作上很快登上灿烂的高峰，同时转眼间红遍上海。”

他亦说道：“……我扳着指头算来算去，偌大的文坛，哪个阶段都安放不下一个张爱玲；上海沦陷，才给了她机会。”

诚然，张爱玲的成就在于沦陷成“孤岛”的上海。她的那一抹带着罂粟味道的文字，一经出手，印刷成册，霎时就绽放成那个“孤岛”的寂寞夜空里最后一束惊艳的烟花。

她的文字是这般直抵人心。世间，除却了她，还未曾有人能如此。

少年时代的天才梦，终于在风华正茂的岁月里实现。

我想，彼时的张爱玲应是喜悦的。但历经岁月沧桑，心底仍有了些小感伤。

盛名之下，她亦清冷、内省。

这样的女子，从来我都大爱——率真，不虚伪。

第四章

倾城一恋，半生缘灭

“她见了他，头变得低低的，

低到尘埃里，

但她的心里是欢喜的，

从尘埃里开出花来。”

——这是她对那段深刻情缘的注解。

她愿和他的岁月静好，并与子偕老，

然而，他系寡情风流之人，

在时光的荒野里，他终弃她别恋，

只留她一人“临水照花”，孤寂自赏。

在这伤情故事里，我仿佛饮尽了她这杯爱情的毒酒。

心如燃尽，只留余灰……

一见钟情，尘埃花开

（一）

1944年的一天，一个穿着长衫、戴着礼帽的清瘦男子来到被刷成肉桂粉色的公寓大楼前，自是打量着。然后，拾级而上，来到爱丁顿公寓605室，彬彬有礼地敲门说道：

“张爱玲先生在吗？”

这个男子，即是胡兰成。

彼时，胡兰成刚从河内偷渡到上海，是正着手组建伪政权汪精卫的秘书，住在大西路的美丽园寓所。

张爱玲生来喜僻，不大跟陌生人打交道，这一次，亦然。开门的是姑姑张茂渊，她用一贯的姿态，替张爱玲拒绝所有来访的人。

那日，胡兰成正好没带名片，无奈下，只得取出纸笔，写下自己的名字和电话号码，从门缝里递进去。

缘分的事，有时还真难说。注定的，便必定会发生，任谁都无力更改。张爱玲和胡兰成这一段缘分即如此。自张爱玲踏上去美丽园寓所的那一刻起，即成定局。

——尽管，这段缘分是段孽缘！

当张爱玲看到那张字条，面对“胡兰成”三个字的时候，心底为之一动。胡兰成这个名字，于她而言真真是不陌生。

翌日，张爱玲却打电话给他，说要去他的寓所看他。电话撂下不久，人就到了。

在美丽园公寓里，初见张爱玲的胡兰成，便觉得她是那“陌上桑里的秦罗敷，羽林郎里的胡姬”，恬淡深静。

阅女无数的胡兰成，见着这样沉静、疏远、奇装、炫人、瘦高的张爱玲，却还是惊艳了，虽说惊也不是那种惊法，艳也不是那种艳法，却是一种世间只此一人的惊艳。

——张爱玲的清逸含蓄，依然远远超出了他以为对于女性美的所有经验及想象。

仿佛早已熟稔，他们开始了五个小时的畅聊。

他素来善谈，张爱玲听着，不予言论，只兀自讲起炎樱在炮弹中洗澡歌唱的事。

胡兰成心中为之一惊，原来她就是世间最懂他的人。

话题，就此更加深刻起来。

他讲在南京的过往，关心地问她每月稿费的情况，并谈看完《封锁》后的深刻感受……

她听着，亦惊了起来。因为，除了他，她从未见过这样与她有共鸣的人。

所谓“于千万人之中遇见你所遇见的人，于千万年之中，时间的无涯荒野里，没有早一步，也没有晚一步，刚巧赶上了，那也没有别的话可说，唯有轻轻地问一声：‘噢，你也在这里吗？’”

没有早一步，亦没有晚一步，他刚巧赶上了她，她亦刚巧赶上了他。

情缘，就此永结。

他虽那般突兀地横立在她的面前，她却不觉得生疏。终有这么一个人要来到身边的，她知道。如今，他来了，这般明白自己。夫复何求呢！

于是乎，生平第一次，她心里有了小鹿乱撞般的雀跃。

时间，可真是快呀，来时艳阳高照，转瞬即已暮色四合。她不得已起身告辞。

他起身送她。在美丽园到爱丁顿公寓的路上，他依然滔滔不绝。童年往事、求学经历、日本文化、歌舞以及绘画，《红楼梦》《金瓶梅》……如是种种，一直到了爱丁顿公寓的楼下，还意犹未尽。

临别时，亦有了不舍之情。

两个人，是你望我，我望你，仿佛缠绵已久的恋人。

最后，他忍不住说：“明天我来看你吧。”

张爱玲应允了。

第二天，她挑了件宝蓝绸袄裤，戴上嫩黄边眼镜，淡淡地涂口红，喷香水。等他。

家常的打扮。可是，他见了这样的她，仍觉得艳，不过，是赏心悦目的柔艳。如同一枝含苞欲放的花蕾，未开，却香气馥郁。

她仍是默然，似昨日第一次见面那般。

他却比昨日拘谨了，遇着像是如“刘备到孙夫人房里竟然胆怯，张爱玲房里亦像这样的有兵气”，今生还是头一回。他是被她房里的布置摆设震住了，甚觉满屋里文明清爽，又兵气纵横。张爱玲这个人，亦带了杀气——不是“杀无赦”的“杀”，而是碧螺春茶“吓杀人香”的杀，是正大仙容，嫣然百媚。

他后来亦曾回忆说：“男欢女悦，一种似舞，一种似斗，而中国旧式栏杆上雕刻的男女偶舞，那蛮横泼辣，亦有如薛平贵与代战公主在两军阵前相遇，舞亦似斗。”

素来不喜斗，然而，那日见了张爱玲，却不由得要比斗起来。因为棋逢对手，他向来有征服欲，然“但我使尽武器，还不及她的只是素手”。

我想，那刻，张爱玲便已经深种在了他的心尖。

而张爱玲亦在那刻生出了“见了他，她变得很低很低，低到尘埃里，但她心里是欢喜的，从尘埃里开出花来”一般情意荡漾。

自此，他不再做那“百花丛中过的浪荡子”。

而张爱玲原就是那“陌上游春赏花，亦不落情缘的一个人”。

于是乎，他们一个“一夜就郎宿”，一个“通宵语不息”，将爱情进行到底。

（二）

因为张爱玲的缘故，我极不喜欢胡兰成。

但是，他的书我却皆通读。《今生今世》《禅是一枝花》《中国文学史话》《中国礼乐》《今日何日兮》《山河岁月》，正应了那句“其人可废，其文却不可因人而废”，他的这些文章皆可为文坛翘楚。

最爱他的《山河岁月》，书名取得真好，山河壮阔，岁月如流，是能看见轮廓亦可听着声响的。

《今生今世》则让我最忧心伤怀。

这本有着张爱玲的影子，是他的自传著作，使得无数“张迷”神伤，亦使得无数张学研究者付诸诸多精力。

只因张爱玲一生中，皆对与胡兰成的那段恋情未提及半句。而胡兰成则在这本自传中洋洋洒洒地将与张爱玲的种种详细诉诸。

于是乎，因着“可以同时承载灿烂夺目的喧闹与极度的孤寂”的张爱玲，他的这本《今生今世》经久升温，并借着张爱玲那“千载沉香遗迹在，谁将绝调写风神”的名经久热闹。

今次为着书稿再次挑灯重读，这本《今生今世》，在他和玉凤、张爱玲、训德、秀美、一枝、爱珍那些用情浮泛的故事里，遂对他这个人产生了浓厚的探究心。

他如此轻佻、心浮、多情、泛滥、不负责任，何以得这么多女子的眷爱呢。更何况还有清冷、傲骨、富有才情的张爱玲。

他何德何能？

自幼随母亲长大的胡兰成，极其争气，自幼喜爱读书，可谓饱读诗书。按道理，若在安稳盛世，他很难在那个时代里出人头地。然而，适逢乱世，他便有了缝隙可钻，不但学有所成，还被锻造成了一个满腹经世之才与入仕之志的大才子。

他的求学之路，颇不平坦。高小毕业，进了绍兴第五中学，可惜只读了一学期，学校就因为闹革命停课，他不得已辍学回家。后来跟着表哥考入杭州的教会学校蕙兰中学。可是，一入校就不喜欢学校的氛围，他言说："蕙兰是个教会中学，青年会在礼拜堂欢迎新同学，弹琴唱赞美诗，且分糖果，那样的'兄弟爱'于我完全不习惯。"后来，终在担当校刊英文总编辑的时候因编辑校刊的工作与教务主任发生冲突而被校方开除。再后来，考取了杭州邮务局的邮务生，他的求学之路至此结束。

在当时，邮政工作是个令人羡慕的铁饭碗，然而，生性恃才傲物的他，只干了一个月，便因指斥局长"崇洋媚外"而被开除。

这年，他21岁。为谋出路，他去了北平。

这一步，却让他迈出了蛹化成蝶的关键一步。因为书法造诣颇深，他很快就谋得了一份在燕京大学副校长室抄写文书的工作。在燕大他虽只待了一年，但燕大名流荟萃的景况却让他大大地开了眼界。

1927年，他离开燕大，回到故乡浙江，因着燕大的缘故，他得以先后在杭州、萧山两所专科学校任教，成了一个名副其实的知识分子。

1932年，他厌倦了教师生活，返回家乡。恰逢此时，他的发妻唐玉凤生病去世。因无钱安葬，他便四处苦苦借钱，竟受尽白眼和奚落。被这一事件深深刺痛后，他从此放弃正义，只一心往上爬。

他说："我对于怎样的天崩地裂的灾难，与人世的割恩断爱，要我流一滴眼泪，总也不能了。我是幼年时的啼哭，都已还给了母亲；成年的号泣，都已还给了玉凤，此心已回到了如天地之不仁！"

在我看来，这许是个借口。他本性里，原就有这股子冷漠及谄媚。

之后，他便南下，辗转于广州、南宁、百色、柳州做了5年的中学教师。不过，他心已浮躁，再不甘愿这种清贫的教师生涯。于是，他开始经常对时局发表一些看法，写东西也常用一些时髦的字眼。比如，兵气、民间起兵、开创新潮，等等。

便是由着这一手时髦漂亮的时局政事类的好文章，在1936年，他受到时年任国民党第七军军长廖磊的青睐，聘请他任中学教师之余兼办《柳州日报》，负责在报纸上为军长廖磊发表鼓吹兵谏之文章。

胡兰成因此获得了"政论一支笔"的美称，并引起各方的关注，却没能因此平步青云，而是因一篇不遗余力鼓吹亲日思想的政论文章惹下麻烦，被当局抓到桂林桂系第四集团军总司令部，受军法审判，监禁了33天。

后来，因为白崇禧惜才，才得以出来。

然而，福祸难知。未承想，这次文字祸端，却给他带来了更大的机遇，使得他的人生上了一个至高的台阶。

因为这篇亲日言论，入了当时汪精卫的眼，而被汪精卫聘为《中华日报》主笔。接到通知后，他立马奔赴上海就职。

自此，胡兰成从一名普通的中学教师一跃成为汪精卫的心腹，迈出了官宦仕途的第一步。

次年初，他又被调到香港出任《南华日报》的总主笔，以笔名“流沙”撰写社论。曾有一篇卖国文章《战难，和亦不易》，引发关注。不过，此时他的名气虽大，却还没有任何政治实力，收入亦少得可怜。

但是，机会总是等在他的前头。

不久，汪精卫的老婆陈璧君也来到香港，想顺便见一见胡兰成。经过打听，知他的月薪甚是微薄，便斥责林柏生埋没人才，并亲自将胡兰成的月薪由原来的60元增到360元，另外还附送了2000元的“保密费”。

如是笼络，聪明的胡兰成自是心领神会。他欣然受之，彻头彻尾地成了汪精卫的走卒。

此后，随着汪伪政府的成立，胡兰成的政坛之路亦走得颇顺。好运频频，有着势不可当的趋势。

只是，宦海浮沉，福祸难料，随着时间的长久，恃才傲物的胡兰成渐渐被汪精卫冷落。早已习惯了众星捧月的日子，胡兰成自是受不了这般冷遇，于是他斗胆结识了日本使馆的官员池田笃纪。如此，得罪了汪精卫，并被他下令逮捕，经日本人干涉，才被释放。

出狱后的胡兰成，彻底和那段辉煌的政治生涯拜拜了。

被狠狠挫败的他，需要时间来疗伤。于是，回到南京家里休养。

正是这次休养，让他得以遇到张爱玲。

（三）

1944年1月24日，旧历除夕，刚刚从狱中释放的胡兰成，赋闲在南京家里。百无聊赖时，随手翻开身边一本由冯和仪寄来的《天地》月刊。此冯和仪便是当时鼎鼎有名的“风云女作家”苏青。

胡兰成素来欣赏这个女子大方利落的文笔，所以一拿到手，就开始看苏青写的发刊词。再翻下去，一篇名为《封锁》的文章吸引了他的眼球。细读了几个小章节，觉得此文非同凡响，不觉就将整篇读完，末了，久久都沉浸在一种意犹未尽的情绪里。

他开始探究起这篇文章的作者来。由此，一段在我看来是孽缘的情分，铺陈展开来。

张爱玲在认识胡兰成一个月后，写了一篇短文《爱》。看完后，我甚觉这是她对这段情的一种佐证——只是，是那种“犹抱琵琶半遮面”的含蓄。

岁月静好，缘定今生

（一）

“岁月其实待张爱玲不薄，在她最好的时刻，给了她一段爱情。无论这个男人是否值得她付出芳心，但她的生命总是要有这么一个人。不然错过了，只能怪流光不解风情，无端负了年华。”

看到这一段话的时刻，我的心有抽搐的疼。我宁愿，我挚爱的张爱玲，没有遇见这段爱情。错过一年半载，或许，光景皆不会如此。

但是，谁能代天来扭转这命定的情缘呢！

张爱玲从骨子里散发出的气质和美丽，以及她的文字和才情，亦是他这个风流倜傥、阅女无数的浪荡子所始料未及的，亦是今生未曾遇见过的。由此，他心底倍觉山河失色，岁月成尘，世间唯张爱玲充满耀眼的光彩。

待及第二天，他去张爱玲家看望她后，更坚定了心底那份对张爱玲的欣赏及爱慕。

又是一场漫长的交谈。

在依依不舍地离别后，回到美丽园，他便迫不及待地给张爱玲写了第一封情意绵绵的信。信的内容，不知怎的竟被他写成了五四时代的新诗。张爱玲回信：“因为懂得，所以慈悲。”这句带有禅意的话，却让胡兰成的“五四新诗”现了幼稚。他一直恃才傲物，却未承想到了张爱玲这里，他自以为的文采便都显了贫乏浅薄。

我想，在胡兰成对张爱玲的某些迷恋里，是有着对她文字的景仰成分。并且，这份景仰使得他越发地要将张爱玲据为己有。

接下来的日子，尽见了爱情的美好。

他每隔一日必去看张爱玲。在那座温情的公寓里，他是“晨出夜归只看张爱玲，两人伴在房里，男的废了耕，女的废了织，连同道出去游玩都不想”。他们喝馨香馥郁的红茶，吃精致的西式茶点，谈文艺，说故事，如此情趣，堪比李清照和赵明诚。

值此际的张爱玲，不复见了凉薄的心性。

知胡兰成最爱她穿那双从庙会上买来的双凤绣花鞋，便刻意挑了件“闻得见香气”的桃红单旗袍来配，总在与胡兰成独处时穿着。

对于这个美如春花、瘦如秋水的男子，张爱玲决然动了那颗情窦初开的心。

（二）

他真的是情场的高手，知道如何讨女人的欢心。对张爱玲，更是如此。

他陪她聊天、逛街、散步，常常赞美她的美和气质。是女子，面对这样的赞美和欣赏都会难以招架，更何况对于从小就难得被人这么关注和宠爱的张爱玲呢？

她深深地爱上了胡兰成。

她甚觉和胡兰成待着的每一分每一秒都那么愉悦人心，而分开的每一分每一秒又是那般痛苦幽怨。曾经，她对他说道："你这个人嘎，我恨不得把你包包起，像个香袋儿，密密的针线缝缝好，放在衣箱里藏藏好。"

不过，与张爱玲的这份痴爱不同，胡兰成虽爱得热烈，却不专一。他要的爱情，往往都不天长地久，而是那"此时语笑得人意，此时歌舞动人情"的流水光阴。他亦在《山河岁月》里坦言了这心态："我每回当大事，无论是兵败奔逃那样的大灾难，乃至洞房花烛、加官晋爵，或见了绝世美人，三生石上惊艳，或见了一代英雄肝胆相照那样的大喜事，我皆会忽然有个解脱，回到了天地之初，像个无事人，且是个最无情的人。当着了这样的大事，我是把自己还给了天地，恰如个端正听话的小孩，顺以受命。"

他已然是那种得过且过，只要欢活便可以的浪子。

只可惜了，张爱玲那般热烈地真切，用却整个身心深爱着他。

唯有一点，还觉得为张爱玲值得，是他那份"坦诚"。关于他的过去、他的情史、他的背景——结过两次婚，又与舞女同居着，凡此种种，他一律不隐瞒。

对于他的这种坦诚，我却讨厌至极。

然而，我非我挚爱的张爱玲。于张爱玲而言，他的这般多情、狂妄、放荡不羁，是一种从未相逢过的新鲜刺激。而他的才华洋溢、温情脉脉，则成了不能拒绝的毒药，且明知是比鸦片更为致命的毒药，却被蛊惑般豪饮着。

突然，想起李碧华的句子来——“爱情是含笑饮毒酒”。诚然，每一个沉浸在爱情中不顾不知的女子，都是在含笑饮毒酒啊！

同张爱玲一起的姑姑张茂渊，见此情况，十分不安起来。

经世已久的她，早知胡兰成为何人——背景不干净，有妻室家小，且常有艳遇。于是，她同张爱玲深谈了一次。具体谈话内容，不见有史料记载，但我却甚觉三毛在以胡兰成和张爱玲故事为背景撰写的《滚滚红尘》中的一句台词恰到好处地讲出了姑姑的话：“这种人说好听点，是文化官；说难听点，是汉奸。你干干净净的一个大小姐，惹这种人干吗？”

张爱玲虽然离经叛道，但亦深知人言可畏。再来，亦十分敬重姑姑。于是，便写了一张字条差人给胡兰成送去：“你明天不要来了。”

然而，送过去了，又觉后悔。走了这么远的路，经历了这么多的面孔，才遇见了他，同他说：“噢，你也在这里。”却要马上分开。这么快，怎甘心！

于是乎，一整天都处在一种恍惚中。侧着耳朵听电梯响，每一次响起，心就“扑通扑通”地乱颤一气；听到敲门声，更是惊得目瞪口呆，不知所措。

他到底还是来了。

那一刻，她见了他，笑靥如花，从未曾那般灿烂过。过来人的姑姑，看在眼里，唯无奈地叹息着，摇了摇头，一声不出，拿起皮包出了门。

回来后，再见张爱玲的欢喜，便想“罢了，罢了”。毕竟是爱过的人，知道爱一个人无以能挡。于是，无可奈何地对张爱玲说道：“你同他在一起，我是不赞成的。然而你也大了，自己的事，自己有数吧。”

如此一来，胡兰成索性天天来，坐在张爱玲房中，谈诗看画，一坐就是一整日。

生活，遂有了前所未有的新意。

张爱玲觉得，是如此美好。

于某日，胡兰成说起她那张登在《天地》上的照片。翌日，她便取出给他，终在那张照片背后，写明了对他的那份情爱真心意：“见了他，她变得很低很低，低到尘埃里，但她心里是欢喜的，从尘埃里开出花来。”

这样露骨的表白，对清寡的张爱玲实属不易。若非深爱，如何能让她低至尘埃呢！

（三）

在这段不被祝福的爱情里，炎樱是唯一的支持者。

于是乎，炎樱成了那时张爱玲最大的倚傍。她常央着胡兰成陪她去炎樱家玩，因为这样的串门仿佛在闪闪躲躲里寻找光明正大的感觉。

炎樱昵称张爱玲为“张爱”，遂把胡兰成昵称为“兰成”，来配成一对。

对于炎樱，胡兰成亦然用对任何女子惯用的伎俩，献殷勤，甜言蜜语不断。常常，张爱玲坐在一旁，听他们两人斗嘴取乐，甚而调情，却只是笑着，觉得好，而没有丝毫的不快。

这样的大度，倒是入了一向风流多情的胡兰成的心。他曾在《今生今世》中大言不惭地写道：“我已有妻室，她并不在意。我有许多女友，乃至狎妓游玩，她亦不会吃醋。她倒是愿意世上的女子都欢喜我。”

我总也想不明白，爱得如此深的张爱玲，怎可容许爱情里有其他女子的呢！

后来想，她早已木然。祖父张佩纶亦是狎妓啸游的风流才子；父亲张志沂亦是狎妓娶姨太太的风流人物。在她的世界里，还从未曾见过专情的男子。再者，擅写情爱的她，始终坚信“有目的的爱都不是爱”。

由此，风流倜傥，才华横溢，结了婚，做过汪伪官员，又和日本人过往甚密，一切皆是心性使然的胡兰成，成了她心目中最接近爱情理想的一个人。

“情到浓时”，胡兰成给张爱玲写了封求婚信：“自从一年前我在南京看到你登在《天地》上的两篇文章，我就有一种奇特的感觉：你就是我在茫茫人海中所要寻觅的人！及至见了第一面，我更感到我俩的缘分是前世定了的。”

张爱玲回给他的信，却是一张空白的信笺。

胡兰成心慌了，不知何故，匆忙从南京赶回上海，望着张爱玲，眼睛里满是问号。张爱玲回道："我给你寄张白纸，好让你在上面写满你想写的字。"

之后，胡兰成亦如张爱玲般也是低低的了，仿佛从尘埃里醒来一般，那几日突变作一个青涩的少年，时而嚣张跋扈，时而又小心翼翼。他说，这行动所为尽皆违背常情。

于是，他又写信给张爱玲："你说见了我，你变得很低很低，其实我又何尝不是呢！我本自视聪明，恃才傲物惯了的，在你面前，我只是感到自己寒碜，像一头又大又笨的俗物，一堆贾宝玉所说的污泥。在这世上，一般的女子我只会跟她们厮混，跟她们逢场作戏，而让我顶礼膜拜的却只有你。张爱玲，接纳我吧……"

如是情切的言语，虽轻浅了，却是能满足张爱玲内心所有的高傲及自恋。

他亦曾试探着问过张爱玲对结婚的想法。张爱玲说，她没有怎样去想象过那个。如同爱情一般，若是真来，便顺其自然地受之即是。

1944年8月，张爱玲和他配了婚姻。

在爱丁顿公寓她的房中，没有凤冠霞帔，没有宾客盈门，没有锣鼓喧天，只有好友炎樱做主婚人，胡兰成侄女青芸做唯一宾客。

弟弟张子静，她亦没有通知。姑姑张茂渊，则是不愿参加。就这样，她清爽决绝地、一意孤行地嫁给了胡兰成。

时年，她24岁，胡兰成38岁。

关于婚礼，她亦没有多言。倒是胡兰成在字句中又给清晰地道了来：“我与张爱玲只是这样，亦已人世又似山不厌高，海不厌深，高山大海几乎不可以是儿女私情。我们两人都少曾想到要结婚。但英娣竟与我离异，我们才亦结婚了。是年我38岁，她24岁。我为顾到日后时局变动不致连累她，没有举行仪式，只写婚书为定，文曰：胡兰成张爱玲签订终身，结为夫妇，愿使岁月静好，现世安稳。上两句是张爱玲撰的，后两句我撰，旁写炎樱为媒证。”

我每每看了这些句子，都会忍不住落下泪来，为痴爱忍屈的张爱玲。

张爱玲这样不计名分，不问将来，不求回报，不指望众人理解，甚至不奢望亲人的祝福。可是，最后在这段婚姻中她又是落得怎样满目疮痍的境地呢！

其实张爱玲内心，怎会不在乎呢？

她曾在《倾城之恋》中如是写道：“‘死生契阔，与子相悦，执子之手，与子偕老。’我看那是最悲哀的一首诗，生与死与离别，都是大事，不由我们支配的。比起外界的力量，我们人是多么小，多么小！可是我们偏要说：‘我永远和你在一起；我们一生一世都别离开。’——好像我们自己做得了主似的！”

如此，她亦特地让炎樱陪着去拍了照片留念。

取照片，张爱玲没有去。而是炎樱大热天里骑着个脚踏车跑到那里，取了来便直奔爱丁顿公寓给张爱玲看。为要慰劳，她给张爱玲说道：“吻我，快！谢谢我！”

张爱玲却不理她，而是喜悦地对着照片深吻了下，仿佛在吻某个温情时刻。气得炎樱大叫：“现在你整天整夜吻你自己吧！没见过你这样自私的人！”

自私，是如此吧。炎樱不懂，张爱玲那一吻下，是对那段不被祝福的低调至极的婚姻的吻恋。她爱他，于是不惜牺牲、委屈，就那样嫁了。但是，有哪个女子不珍惜着婚礼带来的欢喜呢。她张爱玲，虽寡淡、冷傲，但亦是寻常女子，吃五谷杂粮，着人间凡衣，过俗世生活，要俗世爱恋的。

她亦深记着，他许她的“岁月静好，现世安稳”。

可是，真能如此吗？！

现世安稳，爱之相悦

（一）

对于和胡兰成的这段不被祝福、没有形式的婚姻，张爱玲还是以自己独特的方式广而告之了。

形式是，以在同一个月出版的《传奇》为告：书名叫传奇，目的是在传奇里寻找普通人，在普通人里寻找传奇。——她是要告诉大家，属于她的婚姻是为“传奇”的，并希望世人皆陪她一起开心。

这是她的第一本书，封面是她亲自设计的，用的是她最喜欢的蓝绿色——“整个一色的孔雀蓝，没有图案，只印上黑字，不留半点空白，浓稠得使人窒息。以后才听见我姑姑说我母亲从前也喜欢这颜色，衣服全是或深或浅的蓝绿色。我记得墙上一直挂着她的一幅油画习作静物，也是以湖绿色为主。遗传就是这样神秘飘忽——我就是这些不相干的地方像她，她的长处一点都没有，气死人。”张爱玲在《对照记》中，如是期期艾艾地述说着《传奇》一书的设计。

书一经出版，四天内就全部销售一空。于是，再版。这次封面的设计，是炎樱。

书的再版序，则是由那半世议论的名言“出名要趁早”而被大家记忆深刻。

——“以前我一直这样想着：等我的书出版了，我要走到每一个报摊上去看看，我要我最喜欢的蓝绿的封面给报摊子上开一扇夜空的小窗户，人们可以在窗口看月亮，看热闹。我要问报贩，装出不相干的样子：‘销路还好吗？——太贵了，这么贵，真还有人买吗？’呵，出名要趁早呀！来得太晚的话，快乐也不那么痛快。……快，快，迟了，来不及了，来不及了！”

这样急促的语气，捎带出的是她思想里的“惘惘的威胁”之感。和胡兰成那样匆匆草率地结婚，未曾不是这“惘惘的威胁”之感所促使的。

婚后，两人如同“照花前后镜，花面交相映”那般在一起，同住同修，同缘同相，同见同知。岁月在那时真是能见着“安稳静好”的。

她最喜在房门外悄悄窥看他：“他一人坐在沙发上，房里有金粉金沙深埋的宁静，外面风雨琳琅，漫山遍野都是今天。”

他则最喜她穿那双绣着双凤的绣花鞋，觉得穿在她脚上，线条柔和，看了欢喜。

而彼时，他们一个如日中天地红，一个正摩拳擦掌要在政坛上创出一番作为。

良辰美景下，怎么看都是一对璧人。

那爱情，亦贴了心，入了景，让外人羡慕。

那时，胡兰成和南京政权还保持着联系，所以时常要回南京工作。彼时，张爱玲便给他写长长的信来倾诉对他的思念。

时常是，一个月回上海一次，住上八九天。他不回美丽园的家，而是径直奔赶到赫德路的爱丁顿公寓看张爱玲。一进门，便亲切地说："我回来了。"之后，两个人便哪里都不去了，腻在房间里，真真是"男的废耕，女的废织"，聊着说也说不完的体己话。从文学到生活，从平凡到高雅，你来我往，聊得十分畅快。

常常，胡兰成言及的何事何物，都会令张爱玲觉得"攀条摘香花，言是欢气息"。

胡兰成则最喜和张爱玲读书探讨，常常在她那里"寻常都可以石破天惊、惊艳四海着"。时常，一直自负中国古典文学底子比张爱玲深厚的胡兰成，在两人一起读书时，都惊诧于她比他多读出的深层意蕴来。

人说，夫妻本如调琴瑟，他从张爱玲那才得调弦正柱的。

对于张爱玲，他在婚后亦有了更深刻的认知。他曾经读《水浒传》无数遍，却有一日她告诉他，宋江在玄女庙见玄女像时有八字的形容——"天然妙目，正大仙容。"然而，他却着实愣住了，因为读那么多遍，他从未注意到这八个字。恍惚间，她看着张爱玲那端正的脸庞，忽然觉得用"正大仙容"四个字来形容最恰当不过。

而对于自己不如张爱玲才情的感慨，他在自传《今生今世》里，亦有交代。

我想，那时他真的是由衷地仰慕、爱恋着张爱玲。

（二）

张爱玲依旧不喜交际，胡兰成在外界的朋友，她亦几乎不见。她把所有与外界相关的事，都叫作纷乱。尽管她此时，不惊不惧。

关于她的这种利落处事，亦是入胡兰成心坎的。他原就不愿这段感情里掺杂过多的实践与担当。他唯愿这世上，只他们两人那般情浓意浓地黏稠痴缠到天荒地老。

他说："我们虽结了婚，亦仍像没有结过婚。我不肯使她的生活有一点儿因我之故而改变。两人怎样亦做不像夫妻的样子，却依然一个是金童，一个是玉女。"

所以，婚后的他们并没有住一起。而是各自有住处，各自亦有着各自的生活。

时常，是分离的状态，一个在爱丁顿公寓，一个在南京住处。

每次他们男欢女爱相聚一番，然后就分开。胡兰成赶回南京，而张爱玲则在公寓里继续写文章。每次的别离，都不生任何愁绪，如若一种婉转的流光飞舞，收与放，皆自然得很。

这样的日子，于生性多情风流的胡兰成而言，至为满足。

于张爱玲呢，亦是满足。在这乱世之中，能和一个自己喜欢又喜欢自己的男人经营那些鸡毛蒜皮的琐碎生活，亦是幸福和满足。由此，她看胡兰成便"眼睛里都是笑"，是那"今日相乐，皆当喜欢"。

日子更被他们过得诗意满满。

某日，晚饭后灯下玩脸对脸的游戏，张爱玲的脸好像一朵开得满满的花，又像一轮圆得满满的月亮，胡兰成便忍不住抚弄她的脸道：“你的脸好大，像平原缅邈，山河浩荡。”张爱玲笑了：“像平原是大而平坦，这样的脸好不怕人。”

又一日，胡兰成欲要形容张爱玲的行坐走路，却觉口齿艰涩，找不到合适的形容，如是她便代他说：“《金瓶梅》里写孟玉楼，行走时香风细细，坐下时淹然百媚。”胡兰成听后，甚觉形容得好，于是追问着两人在一起如何形容，张爱玲回道：“你像一只小鹿在溪里吃水。”言语间，尽见爱恋疼惜之意，听得胡兰成的心仿如小溪水流过般清澈爽朗着，更心羡着她的“锦心绣口”。

曾经，张爱玲带着胡兰成去南京的老宅子，并把祖母的一只镯子拿给他看。在那个沾染着历史气息的曾经辉煌非常的老宅子的房间里，两人排排坐在沙发上，讨论彼此的姓氏。谈到兴致时，张爱玲看着胡兰成，那么入心入情，忍不住用手指抚他的眉毛，说：“你的眉毛。”抚他的眼睛，说：“你的眼睛。”抚他的嘴巴，说：“你的嘴，你嘴角这里的涡我喜欢。”

她真是喜欢他呀，都喜欢到忘形了。

她亲昵地唤他为“兰成”。然他却怎么都不肯在人前如此亲昵，仍直呼她的全名。她不依，若淘气的小女生，胡兰成无可奈何，只好叫了声“张爱玲”，却顿时狼狈至极，惹得张爱玲听来甚是生疏怪异。

也许，如他所说的那般，每天抬头不见低头见的人，“你不禁想要叫她，但若当真叫了出来，又怕要惊动十方三世”。

诚然，如此聪慧富有才情的张爱玲，于胡兰成是一半满足，又一半惶恐。他知她愿为他赴汤蹈火，但亦知她心性孤冷。所以，在一起的时候，他总会生出难以言说的情绪来。曾经，他和张爱玲在雨中同坐一辆面包车，她坐在他的身上，他蓦地觉得她生得那样长大，又穿着雨衣，他觉得抱着她不合时宜，但又有一种莫名的难忘的实感久久逗留在心底。

或许，在这段爱情中，张爱玲给胡兰成的感觉就是这般吧，相守时，总觉诸般不适，分开时，又是这般难以忘怀。

他这般。其实，在张爱玲的心中，亦有惶惶然。

她曾经深情地望着胡兰成说道："你的人是真的吗？你和我这样在一起是真的吗？"在这场不知福祸的爱情里，她虽欢喜至"欲仙欲死"，亦惶惑于"每时每刻"！

在她24年的人生里，还从未有一个男人会这般为她的人、她的文、她的思想、她的一切产生"惊动，要闻鸡起舞"的。她那个在鸦片里腾云驾雾的父亲不会，她那个在约束下变得不学无术的弟弟亦不会，她家族里那些曾经煊赫的男人亦不会。这世间，唯他这个叫胡兰成的男子会如此。

由此，无论这个男子如何有着"千疮百孔"的恶，她都是要饮尽他这一杯。良药也好，毒药亦罢。她终无悔，此生！

那一年，她亦在《传奇》的再版序里，毫无顾忌地放恣地将这心境表达："现在是清如水，明如镜的秋天，我应当是快乐的。"

也许，爱是如人饮水，冷暖自知。

那些日子，她也许真的快乐！

（三）

张爱玲亦为女子，便有着所有女子想要的幸福，平凡的、踏实的、长长久久的俗世的小幸福。

所以，她虽然书销路好，稿酬亦比别人高，不用靠胡兰成养她，非但如此，她还有能力供养胡兰成在上海的一切开销；但是，她仍是为他给自己一些钱而雀跃着。

那应是胡兰成唯一的一次给张爱玲钱。她却为此欢天喜地，觉得苏青那句“花丈夫的钱是一种幸福”甚是有理。她当即同好友炎樱商量，到底用这钱买什么才能让胡兰成心里满是欢喜，一连竟仔细地商量了好几日。

最终，她用这笔钱自行设计了一件皮袄，样式做得宽宽大大，别出心裁。张爱玲穿了，像个前清宫里的掌事，胡兰成极满意。而张爱玲亦是欢喜，因为世上都是丈夫给妻子钱用，她也要，俗人的一切她都津津有味地去品尝。品味做一个平凡的女人，品味做一个小女人。

她即便“正大仙容”，亦还是要那平凡女人所要的平凡的幸福。

于是，婚后的她，如同所有婚后生活中的平凡女子那般和心爱的人一起去看舞蹈晚会，听音乐会，看京戏、沪剧，看外国电影。这样的相携，于她而言是那般令人欢喜。

某个时日，她兴致好，便应着胡兰成一起同去出席他的一处时事座谈会。明媚的春天里，他们一起相携的画面，被胡兰成记在了他的《今生今世》里。

人说，女子一旦爱了人，就会生出烦恼。张爱玲，亦如是。

她开始时时疑心自己对胡兰成的爱是不是太强烈了。于是，她便在历史典籍中寻找那些痴情的女子佐证，并对于《步非烟传》里与情人“生及相亲，死得无恨”的姑娘、《会真记》里的崔莺莺、《长恨歌》里的杨玉环、《飞燕外传》里的赵飞燕等的痴情女子，皆一洒同情之泪。

另外，每和胡兰成坐在一起时，她都如一个小女人般缠绵地望着他。她觉得是这样的“惘惘的威胁”，所以她要把握住眼前的一分一秒，将能留住的情意全然留住。

那一年的夏日，她和胡兰成一起翻看日本的版画、浮世绘、朝鲜的瓷器及古印度的壁画集，依稀间，张爱玲仿佛看到“巨大的殿堂，缭绕着沉沉的檀香烟雾，卷着云头的花梨炕床上，端坐着一位白发苍苍、至尊至贵的老太太，跟前是成群的儿孙媳妇、丫鬟仆从”。可惜，这样的俗世热闹于她一生都无从体味。

而胡兰成则在傍晚时分，于阳台上眺望红尘滚滚的上海，看着西边天上红润的余晖未尽，一时感慨道“时局好，来日大难”。

依稀仿佛间，我听到了张爱玲公寓外敲起的“锵锵锵”的打锣声，那是防空信号，远远地一路敲来，又敲着远去。有人仿佛在传话：“岁月，焉得静好？现世，何时安稳？”

时局大乱。这是个乱世。他许她一个“岁月静好，现世安稳”又如何？

空说的话，兑现不了承诺。所以，在乱糟糟的乱世里，她还是受了伤，且满目疮痍！

乱世纷扰，爱之背叛

（一）

张爱玲说过：“乱世中的人，没有真正的家。”

所以，有着这样内省的她，对于和胡兰成两地分居的情况，亦不觉委屈。相反，她还很享受这种暂别的时光，因为再相聚时，两人因那些短小的思念而情意更浓。不是说“小别胜新婚”吗，估计那时的张爱玲享受的亦是这般“胜新婚”的缠绵的郎情妾意。

有段时间，日本人出钱为胡兰成办了一本杂志，名为《苦竹》。这名字便来自她喜欢的一首“夏日之夜，有如苦竹，竹细节密，顷刻之间，随即天明”的诗。

如文坛耀眼星辰的她，自然成了他这本杂志的特约撰稿人。

那日，她为他写了一部《桂花蒸——阿小悲秋》的稿子，写完后，看着那些文字她不由得笑了，心里亦揣摩着一个决定——她要亲自去南京，当面交给他。

果然，之后不久，这个想法便以实际行动付诸。

应是这次之行，促成了她在南京的那段暂住吧。

我曾在一个署名“古之红”的人写的《往事哪堪回味》中，看到张爱玲那段暂住南京的痕迹：“第一次进入胡宅，正巧遇见他们打球方歇，因系初见，绍钟为我们做了简单的介绍，我也乘机打量他们：那位男士约莫四十岁，气宇轩昂，眉目之间，英气焕发；女士年龄略轻，面容娟秀，显露出一股青春钟灵的活力。

当时，正值张、胡两人热恋高峰，无论居家闲谈，抑或户外漫步，均以格调高雅是尚，偶尔启窗望月，持螯赏菊，在展现文士风范；至于谈经论道，规划人生，则必炫其禅味，境界高不可攀。前人喜用‘鹣鲽’二字以喻夫妇情谊深厚，张、胡当之无愧。”

看了这些关于张爱玲和胡兰成婚后生活的片段描写，我的心是暖的。至少，我知道和胡兰成在一起的那些日子里，她是真的开心快乐。于一个女人，尤其是一个深爱着人的女人而言，能和深爱的那个人相伴朝夕，且快乐开心过，亦足够。无论结局如何，至少曾经拥有。

做回忆，又何妨！

更何况她是个活在戏剧里的人，认认真真地唱、坐、打、念过，才最为重要、珍贵呢！

（二）

可是，我知如此真性情的张爱玲，最怕的是长别离。

然而，时局动荡，越是怕的，越来得快。

那时，中日战局发生了明显的变化，日军败事已现，并直接影响到汪伪政府的生死存亡。

覆巢之下，安有完卵?

聪慧的胡兰成，很明白自己深陷一种特殊的政治棋局中，故而感觉到大祸临头的“惘惘的威胁”。他亦知，时局如此纷乱动荡，有朝一日，他和张爱玲这对夫妻必定要大限来时各自飞。于是，便对她说：“我必定逃得过，唯头两年里要更名改姓，将来与你虽隔了银河亦必定我得见。”那时，张爱玲还无惧，回道：“那时你变姓名，可叫张牵，又或叫张招，天涯海角有我在牵你、招你。”但是，已经现了心底浓浓的哀愁。

其实，在张爱玲的心底，自始至终都存在着一个比胡兰成还深的“惘惘的威胁”。这种“惘惘的威胁”因为获得的爱过于稀薄，她自小就有了这种感触。

为了平衡这种“惘惘的威胁”，她在大家都在囤米囤油的时候，囤了一大堆纸，因为害怕将来出书时没有纸来印刷。又一次，听一个朋友预言，说近年来老是没有销路的乔琪绒不久将要入时，便从不多的积蓄中努力地省下几百元买了一块乔琪绒的布料。

然而，这样的囤积东西，却更多地暴露了她的没有安全感。

即便是这样，胡兰成还是走了。

1944年年底，胡兰成借着与日本人池田的周旋，与沈启无、关永吉等人一起到武汉接手《大楚报》，并一起创办了一个政治军事学校。此番前去，并非为了文艺抱负，而是想经由着日军势力进行另一番作为。

素来寡淡的张爱玲，自是不舍。然而，她断然说不出让他留下来的话。只在帮他打点行装的时候，紧紧握住那张离开的船票，仿佛这样握着便能在手心里使其化为乌有。穿上他最喜看的旗袍，和他一起从昏黄的里弄走出，那迷离烟雨般湿漉漉的心情就弥漫开来了。或许，在那个时刻，她即已预感到这一离别，真要断了和他那“桐花万里路，连朝语不息”的恩爱情缘。

因为时光和距离，最最无情。

可是，宿命如此，无力更改，便也只能随它去了。只留一颗惶惶不得安稳的心，等待着他。

《大楚报》的社址在汉口，胡兰成的渡船一到，他就被汉阳县衙门安排在了县立医院里暂住。

这一安排，成了张爱玲的劫。

因为在这个医院里同时居住着的还有一群年轻貌美的护士小姐。与一群青春四射的年轻女子相邻而居，对有如张爱玲笔下“他是实在诱惑太多，顾不过来，一个眼不见，就会丢在脑后。还非得盯着他，简直需要提溜着两只乳房在他眼前晃”的胡兰成而言，简直是焦灼心房的诱惑满满的事。

于是乎，不到一个月的时间，他就将一双情撩的眼放在了一个叫周训德的护士身上。这个被胡兰成在《今生今世》里唤着小周的周训德，虽还不谙世事，却生得灵动，格外惹人注目。胡兰成曾在书中入骨地描摹过："虽穿一件布衣，亦洗得比别人的洁白，烧一碗菜，亦捧来时端端正正。"

如是人间尤物，怎能不入生性风流的胡兰成的心呢！面对如是尤物，他亦春心摇曳着忘了对张爱玲的山盟海誓。

于是，一下班，他就往小周那儿跑。谈天说地，约吃饭，献殷勤……他的魅力自是不可言说，连绝代风华的张爱玲都无以抵抗，何况这个不谙世事纯净如晨间露珠的小女孩。很快小周便在他糖衣炮弹似的风月辞章里迷醉了，经常反过来帮他洗衣煮饭，抄写文章。一来二往下，两人便形影不离，携手静好了。

小小年纪的小周，就这样心甘情愿地做了胡兰成的小情人。

本来小周也是生了退却之心的。她本良家女子，家境贫寒，父亲早死，母亲是妾，还有弟妹，心底一早就渴念能有一个安稳静好的姻缘，而非找大自己24岁的胡兰成做妾。母亲是妾，那做妾的阴影是个挥之不去的伤痛，更何况人言还可畏。

然而，她亦有她的弱点，因为家境种种，她便比寻常人更需要温情与宠爱。而一肚子甜言蜜语的胡兰成，又懂如何取悦、宠爱女人的胡兰成，恰巧有着攻克她这弱点的无敌兵器。由是，在胡兰成一通殷勤的进攻下，她还是臣服了，甘愿做了他的妾。

不过，再接下来看她的故事，便觉得是这般悲哀。

辗转几日后，决定答应做胡兰成小妾的她拿着自己的照片送于他，他却要求她在后面题字。这分明就是一种在小周身上寻找张爱玲不在身边的寄托。小周，不过是张爱玲的一个替代品。他并非爱这个女人，只是爱她美好的身体罢了。

不知是出于一种潜知的心理，还是一种巧合，她在那张照片后写下了一首他教的隋乐府诗："春江水沉沉，上有双竹林。竹叶坏水色，郎亦坏人心。"

说来，胡兰成就是自私。他使出浑身解数，将小周纳为妾，为的无非是孤身在武汉的日子不至于那么难挨！

（三）

胡兰成的"爱之背叛"，身在上海忙于创作的张爱玲一无所知。

那时，她思念胡兰成的同时，正忙着小说《倾城之恋》的剧本改编及公演。

这部由柯灵牵线、朱端钧导演的《倾城之恋》在上海兰心大戏院的排演，于张爱玲甚是欢心。她亲自到现场选了当年的名角罗兰出演白流苏，男主角范柳原则由舒适来饰演。

《倾城之恋》话剧一经公演，便轰动了整个上海滩。张爱玲的名字，再次成为上海滩的传奇。她亦因此而喜悦。于是，给日夜想念的丈夫写信，诉说着分开来的种种琐事，只为他看过之后心似在上海跟她在一起那般。

可是，此际陷在温柔乡里的胡兰成，怎会有她那般心意呢。他看罢那信，只当阅读了份公函，便将其搁置一边。

不知后来出于什么心态，他还是写信告诉张爱玲，在汉口结识了护士小周。当是，自不会说出和小周肌肤之亲的事，顶多是淡浅的几笔，来防日后跟张爱玲坦白时没有说辞。然张爱玲竟没当回事，只淡淡地回了句：“我是最妒忌的女人，但是当然高兴你在那里生活不太枯寂。”

想必是，她并未想那么深。年过40岁的胡兰成，怎会和一个刚满16岁的如花少女发生什么呢，无非是一种欣赏的消遣罢了。背井离乡，未免冷清难挨，能有一个说话的人陪着，亦是好事！

可是，清浅似她，单纯似她，事实怎会似她这般想得简单呢！

（四）

胡兰成也不隐瞒小周，他告知她在上海还有一个太太。小周自是聪明伶俐，早就心知如此魅力的胡兰成必是有妻室的。但即便心早有所准备，听了亦难免伤心。

落了几滴眼泪，就被能说会道的胡兰成哄劝得破涕为笑了。

她毕竟年纪小，想事单纯，心想，能得如此一个风云人物的青睐呵护，已是修来的福分。有妻妾又如何，只要他真心待自己，夫复何求！

抱得美人归的胡兰成，自是享受非常。觉得在汉口的日子，如此具有良辰美景的意蕴。以至于春节来了，他都不愿意回上海跟张爱玲团聚。他只写书信告知她，有事务在忙，脱不了身。其实他只不过是舍不得新欢小周。

不知胡兰成已变心的张爱玲，接到信并没作他想。而是将思念深埋，淡然地跟姑姑一起围炉喝着红茶吃着点心，度过了除夕夜。

胡兰成和小周却过得入景入画般美好。他携着小周一起去逛汉口的集市，置办喜兴的年画，并特意购买了一张和合二仙。回来，便给挂在居住的房中，取的是和合二仙主婚姻和合之意。那时，民间婚礼之日，必要悬挂这和合二仙。看来，胡兰成是要和小周在这除夕之夜里度过一段宛若新婚之夜的美好旖旎时光。

可怜了张爱玲，还在那端痴痴地将他思念。

再是浓稠化不开的爱，亦有淡的时候。何况，他本是“万花丛中飞”的花花男子。

不久，他决定回上海一趟。

离别那天，小周忍着伤心，淡淡微笑地说：“回去该看看张小姐了，你此去不必再来的。待你走后，我自是要嫁人的。”

胡兰成听了，心底倒有了不是滋味的愁绪。他虽习惯了情场上恣意放纵，亦知时年乱世中风雨飘摇，自己在哪里都不可能有个安稳，因此也给不了任何一个女人毕生追逐的安定。而小周如今在如花的美好年华委身于自己，待别离时，她将何去何从呢？

便也只这么想想，他本就不是那种负责任的男人。

到了上海，他便迫不及待地去了张爱玲的公寓。真真是个只看眼前人的薄幸人，一见阔别数日的张爱玲，转瞬就忘了小周。

和张爱玲相处的一个多月里，他还是漫不经心地提起了小周。他素来觉得男女相悦，是天经地义的事情，没有什么好隐瞒的，亦觉得做得心安理得。

凭着女性的直觉，张爱玲还是忍不住问了：“小周小姐什么样？”

也许胡兰成打定心高气傲的张爱玲定不会过问小周的种种。可是，他忘了她也是女子，想要的依然是俗世里的幸福。心中有些慌，于是戒备地有些闪烁其词地低声回说：“一件蓝布长衫穿在她身上也非常干净相。”

张爱玲想知道更多，继续问：“头发烫了没有？”

他答：“没烫，不过有点……朝里弯。”说完，还很费劲地比画了下。

张爱玲不再问了，关于他和小周的故事发展到哪种地步，她已在他的回答及神态里寻到了答案。不过，虽然心痛无比，但因不愿轻言别离，还是忍下来，继续地爱着他。

时值3月，她穿着那一袭的花旗袍，和他上街。漫天的柳絮，纷纷落在她的发际、脸上、身上，胡兰成似去年那般，温柔地在她身上捕捉着柳絮。曾经的恩爱依稀回到眼底，仿佛什么都没有变。

事实上，一切都回不到最初了。

5月，有些厌倦的胡兰成，便迫不及待地赶回了武汉。到了武汉，他还蓦然有了“真是归来了”的感觉。而张爱玲跟他这次别离，却有了很深的剜了心的空芜感。

一回汉口，他便急不可待地叫来小周，并亲热地唤她的名字“训德”。曾经张爱玲央他唤自己的名字时，他是那样觉得难堪和尴尬。而此时，他却主动地唤小周的名字。不知知道了这些的张爱玲将情何以堪呢！

世道纷乱，他和小周一起度过了几个月自由的日子。不过，他却自始至终都没给小周一种仪式上的肯定。理由是“我因为与张爱玲亦且尚未举行仪式，与小周不可越先”。此举，也算是给张爱玲保留了一些情面。

8月15日，他担心的祸事还是发生了。

日本人无条件宣布投降，穷途末路下，他怂恿二十九军军长邹平凡宣布武汉独立。然山河已定，谁都无力扭转乾坤，他的这一政治投机，仅13天后就以失败告终。

此时，他如同一条丧家之犬，山穷水尽，再无退路。

于是，为了保全性命，他决定逃亡。

走时尽现了他的薄情。他对小周冠冕堂皇地说道：“我不带你走，是不愿你陪我也受苦，此去我要更名改姓，我与你相约，我必志气如平时，你也要当心身体，不可哭坏了。你的笑非常美，要为我保持，到将来再见时，你仍像今天的美目流盼……”

可是，世间真爱哪就这般薄幸了。痴情的女子，哪就这般轻言放手了。不皆都跟随相伴着吗！不皆“你快乐所以我快乐，你伤悲所以我伤悲”吗！

他只不过是个自私的人罢了。没有担当，亦不愿担当，而已。

只可惜了小周这个无辜少女，平白地为他消耗了青春。自此后，一切苦果自咽，一切凄凉自过！

——比张爱玲还惨！

千疮百孔，独自萎谢

（一）

胡兰成别了小周，化装成日本伤兵，乘着日本人的船逃离了武汉。

他取道南京，再到上海。

起初还说：“我不过是一败。天地之间有成有败，长江之水送行舟，从来送胜者亦送败者。胜者的欢哗果然如流水汤汤，而败者的谦逊亦使江山皆静。”他在迷途还不知返，反而文人心态作祟，觉得天涯逃命之事是件光风霁月的事。

可是，当全国都在开展大规模搜捕汉奸运动的时候，靠着日本人掩护着东躲西藏的他，开始如惊弓之鸟，狼狈至极。有日本军人劝他逃亡日本，然他深知，当下时局即便去了日本，也不能一劳永逸。倒不如找个乡间僻野，隐姓埋名地躲上一阵子来得踏实。

离开上海的前夜，他在张爱玲的住处暂住了一宿。这个风雨飘摇的情状下，他需要她这样有气场的女子来予以他实际的支持。

这个时刻，我想起了三毛改编的电影《滚滚红尘》：日本人就快投降了，能才不能再来韶华这里了。临别的夜，韶华踩着能才的脚一同在她屋外的露台上相拥起舞。觉得有些冷，她便用他送她的那件红色的披肩裹住了彼此。她是愿这一裹就裹住今生今世。

然而，张爱玲和胡兰成分别的那个晚上，却没有这样温情的画面。昨日恩情因为他的爱之背叛早已像那东流水。他们俩同睡在一张床上，过往细微的恩爱已不见。一张床，两个枕头之间，横亘着一片望不到尽头的海。

面对如此疏离，胡兰成有了些许不安。他说："唯对张爱玲我稍觉不安，几乎要惭愧，她是平时亦使我惊。……我当然是个蛮横无理的人，越是对张爱玲如此。"

可是不安又如何，惭愧亦如何，断是无法斩断他那颗风流成性的多情种子的心。

在上海话别张爱玲之后，他辗转至浙江杭州，又从绍兴逃亡金华，再从金华逃亡温州。就是在亡命天涯时，他还和一个叫范秀美的女子发展出一段恋情来。

那时，他离开上海之后，逃亡杭州，化名为"张嘉仪"。后在一个叫斯颂德的中学同学的帮助下，从绍兴逃亡金华。此间，陪同他的除了斯颂德，还有斯家一个叫范秀美的姨太太。这个范秀美，虽然比胡兰成大两岁，却保养得很好，看上去亦颇具姿色。她本亦是个骨子里传统本分又贤惠的女子，在和胡兰成同行去温州的途中，亦对胡兰成很尊重，恭恭敬敬地尊称他为“胡先生”。

就是这个女子，让逃亡途中寂寞难耐的胡兰成动了春心。

在金华暂避时，因险些落到国民党特工组织“蓝衣社”的手中，范秀美便提议他到温州范家的故居躲避。

这次是两人一起相伴匆匆逃亡温州。

在逃亡的路上，胡兰成见行路之人对他们二人无嫌猜，心中豁然开朗，开始无所顾忌地对范秀美发起攻势来。那时江南初冬刚至，天气亦好。他故技重施，讲起自己的过往来：“两人每下车走一段路时，我就把我小时的事，及大起来走四方，与玉凤、张爱玲、小周的事，一桩一桩说与范先生听，而我的身世亦正好比眼前的迢迢天涯，长亭短亭无际极。”

任何女子，都难抵挡他这诗意的追求。

所以，还没到温州，范秀美就以身相许了。他还曾冠冕堂皇地说：“12月8日到丽水，我们遂结为夫妇之好。这在我是因感激，男女感激，至终是唯有以身相许。”

如此话语，我真为他脸红。明明是人家以身相许，他却大言不惭地说自己是为感激而以身相许。得了便宜还卖乖的负心汉，如此还真是只见过他一人。亦为张爱玲和小周，甚而范秀美，感到心寒。

犹记起，他对张爱玲说的那句山盟海誓：“我必定逃得过，唯头两年里要更名改姓，将来与你虽隔了银河亦必定我得见。”

亦记起，他对小周说的：“古人说三载为千秋，我与你相聚只九月，但好像自从天地开辟时已有我们两人，不但今世，前世已经相识了。而别后的岁月，则反会觉得昨日今晨还两人在一起，相隔只如我在楼下房里，你在廊下与人说话儿，焉有个嗟阔伤远的。”

真不知，跟范秀美缠绵旖旎之时的他，可否记得他曾许下的承诺。

应不会的，他是薄幸之人，见人说人话，见鬼说鬼话，所有出口皆不由心。

亏得张爱玲那时，苦苦说道“你变姓名，可叫张牵，又或叫张招，天涯海角有我在牵你、招你”。然而，他更名改姓时，叫的却是张嘉仪。

再替张爱玲道一句，情何以堪！

而范秀美若是看了那段在《今生今世》中写下的文字，应更心痛无比。“我在忧患惊险中，与范秀美结为夫妇，不是没有利用之意。要利用人，可见我不老实。但我每利用人，必定弄假成真，一份情还他两份，忠实与机智为一。”

真真是放浪形骸到家了。

（二）

张爱玲于辗转中，从他的一个密友口中得知了他的住处。

于是，不辞辛苦地效仿起前人孟姜女千里寻夫的桥段来。到底是俗世中的人，在乱世清秋里，她如传统中的女子一般，只想和他在一起，不离不弃。亦想在灾难之时陪着他，患难见真情，或许他会对另一个人忘情转而只待她一个人好。

然而，当她一路风尘、千里迢迢来到温州城时，他不但不惊喜，反而不悦："你来做什么？还不快回去！"

后来，他将自己的不悦解释为："我一惊，心里即刻不喜，甚至没有感激。夫妻患难相从，千里迢迢特为来看我，此是世人之事，但张爱玲也这样，我只觉不宜。"又言："我因是男人，不欲拖累妻子，张爱玲如此为我，我只觉不敢当，而又不肯示弱，变得要发怒，几乎粗声粗气骂她：'你来做什么？还不快回去！'"

难道是因他觉张爱玲何时都像天上人的缘故，还是觉得她一来即打扰了他沉浸在平静旖旎的温柔乡了。我无以揣测他所想。但是，有一点可以确定的是他觉得张爱玲不该这时出现给他忙中添乱。真自私呀！

我想，那时的张爱玲应至为心寒了。

胡兰成把张爱玲安顿在城中公园旁的一家旅馆里，白天去陪她，晚上怕警察查夜，不敢过夜。有时候，范秀美也跟着同去。他还未将和范秀美的事情告诉张爱玲，"不是为要瞒她，因我并不觉得有什么惭愧困惑"。范秀美对张爱玲亦很热情，第一次见面，未知情的张爱玲还夸范秀美很漂亮呢！

然而，仍还有什么是不对的。两个人相守在宾馆的房间里，虽温存依旧——"有时两人并枕躺在床上说话，两人脸凑脸四目相视，她眼睛里都是笑，面庞像大朵牡丹花开得满满的，有点儿没有保留，我凡与她在一起，总觉得日子长长的。"然而，莞尔亲热时，却有了"亲热里尚有些生分，自然如同宾客相待"。渐渐地，再相对时，经常半晌没得一句话，忽听窗外牛哞，面面相觑，诧异发呆。

在旧时温州的街道上，他伴着她，边走边聊。张爱玲心里蓦然有了止不住的欣喜，忍不住对他说："我自诸暨丽水来，路上想着这里是你走过的，及在船头上望得见温州城，想你就在那里，这温州城就像含着宝珠在放光。"言语之中尽现她对他的痴情一片。然而，胡兰成听了却并没多少感动。

久了，心思细腻灵敏的张爱玲还是察觉出他和范秀美之间那份暧昧的关系来了。

那日清晨，胡兰成和她在床上说话，感觉腹部隐隐作痛，却忍着不告诉张爱玲。而范秀美一来，他竟像个孩子一样马上向她诉说身体不舒服。范秀美坐在房门边的一把椅子上，问他疼得厉害不，说等会儿给他泡杯午时茶喝就会好。

张爱玲当下就惆怅开来，她分明在两个女人的战争中败下阵来。然，她尽管醋意大发，却仍看着范秀美赞叹她道："范先生真是生得美的，她的脸好像中亚细亚人的脸，是汉民族以来的本色的美。"当下，就给范秀美画像。胡兰成坐在旁边看，看她勾了脸庞，画了眉眼鼻子，待画到嘴角时，突然停下笔不画了。她竟然也不解释，只是一脸凄然悲怆着。

范秀美走后，胡兰成一再追问原委，半晌她才满腹委屈地幽幽地说道："我画着画着，只觉得她的眉眼神情，她的嘴，越来越像你，心里好不惊动，就再也画不下去了，你还只管问我为何不画下去！"

张爱玲这令人怜的幽怨和愁容，他胡兰成自是看在眼里，却从未想过安慰她只言片语，还解释说"因为两个都是大人"。

得此待遇，张爱玲亦有委屈及抱怨。在那个曲折的幽巷里，她要求胡兰成在她和小周之间做出选择："你说最好的东西是不可选择的我完全懂得，但这件事还是要请你选择，说我无理也罢。"并且第一次责问了他："你与我结婚时，婚帖上写现世安稳，你不给我安稳？"而那时负心的胡兰成，并不做选择，只说："我待你，天上地上，无有得比较，若选择，不但于你是委屈，亦对不起小周。人世迢迢如岁月，但是无嫌猜，安不上取拾的话。而昔人说修边幅，人生的烂漫而庄严。实在是连修边幅这样的余事末节，亦一般如天命不可移易。"这样顾左右而言他的冠冕堂皇的话，如今还犹在耳。可是，这一次，张爱玲还是要他在她和范秀美之间做个选择。

那日，她告诉他："今晨你尚未来，我一人在房里，来了只乌鸦停在窗口，我心里念诵，你只管停着，我是不迷信的，但后来见它飞走了，我又很开心。"她是要用这听了让人心酸的心之感触，来让他在自己和范秀美之间做个决断。

这次，他断然还是给不了她答案。仍是一番狡辩，只道世景荒凉，明日之事不可以预测，他无意做出任何决断。

如此寡情凉薄至极的言语，真真应了那两句诗："情到浓时情转薄，而今真个悔多情！"

又有，她到他的住处，他对旁人只说她是自己的妹妹。顾全了新欢的面子，却叫张爱玲这个明媒正娶的妻如此地情难以堪。

（三）

温州，再无任何逗留下去的理由了。

张爱玲收拾简单的行李，带着一颗被伤得千疮百孔的心，离开温州。2月，春寒料峭，天降着小雨，凄风迷离着。胡兰成打着伞送她渡船，“莫道不消魂，帘卷西风，人比黄花瘦”，这细雨，将往日之恩爱浇熄殆尽。

此番张爱玲迢迢远寻至温州，一是为夫妻相见，二是为要与他摊牌。她要胡兰成在她和情人之间做个选择。然而，胡兰成终是让她失望了。临走时，她叹了口气，无可奈何地自伤自怜地说道：“你到底是不肯。我想过，我倘使不得不离开你，亦不致寻短见，亦不能够再爱别人，我将只是萎谢了。”

诚是，这段曾让她从尘埃里开出滋润的花朵的恋情走到如今，一切情缘殆尽，她也唯有自将萎谢了。

在温州待了20多天，得到的只是一颗千疮百孔的心。

她的爱，亦在这20多天里，成了风雨飘摇后的繁花，只落得残红遍野的凄凉。

“生在这世上，没有一样感情不是千疮百孔的。”

谁说过的话，这般刺痛人耳！

不几日，张爱玲有钱寄来，亦有信道：“那天船将开时，你回岸上去了，我一人在雨中撑伞在船舷边，对着滔滔黄浪，伫立涕泣久之。”

仍是对这份爱有着一番执念。她知漂泊之中的胡兰成没有经济来源，便将自己节省下来的钱寄给他；爱情的希望虽然支离破碎了，但两个人之间那段婚姻还是要用道义上的资助来维系着。

曾经胡兰成说：她来温州20余日，眼见得他有新欢却仍心存眷恋之意。这个还敢如此言之的负心汉，真该杀。眼见着她的凄楚，仍是那般执意自私地狠狠地伤着她。

遇人不淑，便似张爱玲这般！

真亏她还这般接济着掏出一颗真心地对他！

想来，胡兰成一早就将她看到洞明清澈处："张爱玲是民国世界的临水照花人。看她的文章，只觉得她什么都晓得，其实她却世事经历得很少，但是这个时代的一切自会来与她交涉，好像花来衫里，影落池中。"这样的张爱玲，于他眼中，亦是缺少种种温柔媚态，亦不会照顾别人和自己。先前他被吸引的是她那颗七窍玲珑的比干心，如今相处久了，越发觉她没了新意。若他这般风流浪子，没新意怎行呢，变心自是必然了。

不是说嘛，女人再是八面玲珑、春风得意，如若逢不上个真正体己的男子，一生便终究要以遗憾收场。

看张爱玲的一生，何尝不是。

他之后数十年里，她爱不了人，再遇到的爱情里，仍有他的影子在。

这份不持久伤害亦颇多的爱，如何能不让张爱玲独自萎谢一辈子呢！

因为懂得，所以慈悲

（一）

从温州回来的张爱玲，自是萎谢了。曾经的山盟海誓，在张爱玲这里皆成了浮云流水，不见了痕迹。而胡兰成，却仍随缘喜乐着，和新欢范秀美一起过着羡煞神仙的日子。

不过，毕竟是逃亡中的人，虽有佳人相伴，但忧患亦是如影相随。

那日，有兵在他们所住的门前张望了一回，胡兰成便决定不在此处躲藏了。

于是，他和范秀美一路乘着夜色从温州再逃回诸暨斯家。这一来，他和范秀美便不能似过往那般同床共枕了。偏巧这时范秀美还怀了孕，在这里生下孩子自是不能，于是，他便借故让她独自去上海，找侄女青芸帮忙找家医院给做掉。

范秀美抵达上海，就直奔着找到青芸。青芸看了胡兰成写的字条后，什么都知晓了，就安排她先住了旅馆，随即又给她找了家医院。可是，做流产手术需要100元，胡兰成并没给，而是写了一张给张爱玲的字条。无奈之下，青芸只得拿着那张胡兰成给张爱玲的字条找到她。张爱玲看了字条，什么也没说，转身回屋，取了个金镯子，递给了青芸："当掉吧，给范先生做手术。"

在我看来，这是对张爱玲的极大讽刺，亦是对张爱玲那颗爱着他的心的至为残酷的伤害。

在他逃亡的数月里，她已经尽力将自己的稿费接济给他；如今，他犯下的孽，竟然还让她来出手术费。他竟是能开得了这口。这样的人，真真是世间少有。

而胡兰成这边，将一切棘手之事推落得干净，大剌剌地躲到斯家楼上，写他那本漫长的《武汉记》去了。

转瞬8个月过去了，《武汉记》都写了50万字。而此时风声已不是那么紧了，他决定再去温州。毕竟，老是躲在斯家不是长久之计。这次，范秀美没有陪同，他一个人从诸暨出发，取道去了一趟上海。

一到上海，他竟直接去了张爱玲的公寓借宿。

那次伤心离别之后，再见到胡兰成，张爱玲已有恍如隔世的感觉。生疏感，瞬间弥漫了她的小屋。

是夜，他们二人并膝坐在灯下，却没了往日的情深缠绵旖旎之感。

他不觉如此难堪。不仅如此，还将他和范秀美同居的事情和盘托出，并扬扬得意地让张爱玲看他写的《武汉记》。要知道，上面记载的可是他追求小周的全部过程。张爱玲听了，瞬间被一种悲从心生的绝望击中。她愣坐在那儿，不发一言。而自负的胡兰成还以为她在使小女子的小性子呢，过去拿手打她的手背逗她。见他如此，张爱玲只强忍着内心那份异常的愤怒。

当晚，张爱玲与他分房而睡。

翌日天未亮，他就去了张爱玲的房间，在床前俯下身子去亲她。张爱玲从被子里伸出双手蓦地将他紧紧地抱住，忽然泪流满面，只哽咽地叫了声“兰成！”再也发不出任何声音。那刻，她心里已十分明白，叫出如此孤绝的一声，自此后这个与自己有过一段婚姻生活、有过肌肤之亲的男子，就只存活在她记忆深处了。

胡兰成听了张爱玲这一声绝望的呼唤，亦有了“这是人生的掷地亦作金石声。我心里震动，但仍不去想别的”的感触。然，他怎样先知先觉，都没能想到这次相见，竟成了他们一生中的最后一次。这之后，他再上路，便只一双瘦影在地。即便他说张爱玲“愁艳幽邃，最是亮烈难犯，而又柔肠欲绝”的话语还言犹在耳，而平原缅邈，山河浩荡，他纵能平视王侯，亦再无法仰止她那正大仙容的貌了。

当她得知胡兰成在温州已经脱险过着润物清净的新生活时，她即给他去信，写道：“我已经不喜欢你了。你是早已不喜欢我了。我是经过一年半长时间考虑的，唯彼时小吉（吉是劫的隐字）故，不愿增加你的困难。我把新近写了两部电影的稿费汇票共30万一并寄给你。你不要来寻我，即或是写信来，我亦是不看的了。”

深知张爱玲的胡兰成，看罢信虽失落非常，但也早知这是迟早的事情。能与张爱玲这样传奇的女子相处过，就是自己的三生有幸，所以他说：“张爱玲是我的不是我的，也都一样，有她在世上就好。”

话虽说得如此磊落轻松，但他还是忍不住给张爱玲的挚友炎樱去了封信，想要她从中缓和他们的关系，以重修旧好。信中他写道：“张爱玲是美貌佳人红灯坐，而你如映在她窗纸上的梅花，我今唯托梅花以陈辞。佛经里有阿修罗，采四天下花，于海酿酒不成，我有时亦如此惊怅自失。又《聊斋》里香玉泫然曰：‘妾昔花之神，故凝今是花之魂，故虚，君日以一杯水溉其根株，妾当得活。明年此时报君恩。’年来我变得不像往常，亦唯冀张爱玲以一杯水溉其根株耳，然又如何可言耶？”

疼爱着张爱玲的炎樱，自是没去搭理胡兰成。

而张爱玲，则是以“我觉得要渐渐地不认识你了”的心态，将他从心底抽离，彻底地不去理他作何。

自此，她和他这一段乱世中的迷情宣告落幕散场！

（二）

胡兰成曾言：“张爱玲，这世上懂得你的只有我，懂得我的也只有你。”

张爱玲则曾语：“因为懂得，所以慈悲。”

我知道，曾经她因为他的懂得，而将自己变得低低的，开成尘埃里的花来爱他。而今，她因为对他的懂得，而慈悲放手，给他一个更宽阔的自由让他去风流快活。

“爱君笔底有烟霞，自拔金钗付酒家。修到人间才子妇，不辞清瘦似梅花。”曾经富有才情的胡兰成，秉承着他那些舞低杨柳楼心月的文章，令张爱玲深深迷醉。连同着他的才、他的人、他和她之间的情趣，皆让她心生欢喜。然而，如今他之多情，多情到泛滥便不可原谅了。唯只远离他了。

“过往的君子听我言，听我言……”谁在远方哀唱这曲，唱得人只心乱。

人说“爱情就是如此，来的时候，桃花灼灼；走的时候，落梅纷纷。刹那转身之时，谁还记得那曾经的沧海桑田”。

也许，张爱玲一早就知道爱情是这么一回事。

由此，她固执决绝地告别了这段难堪的往日，此后一生都未对这段不堪回首的过往提过只言片语。她说过：“我们是一个爱情荒芜的国家。”如同对这段爱情的注解。亦说过：“人活在世上，不过短短的几年。爱，也不过短短的几年。由他们去吧。”是种释然吧！

她既做不了爱人和爱情的主，亦不肯沦为他们的奴隶，因而，唯有放手，给他人自由，亦给自己一种解脱。如此，无甚不好。

可是，看她之后走过的那几十年寂寞的岁月，却为她受到的不公命运而唏嘘不已。我想，这是我过于眷爱她的缘故。但是，换作不是“张迷”的人，亦会如此吧。她的那些岁月，阅来确确实实让人心生哀凉。不是吗！

她之单纯、冷静、自信、独立，一如胡兰成在《评张爱玲》里形容的：“她的心喜悦而烦恼，仿佛是一只鸽子时时要想冲破这美丽的山川，飞到无际的天空，那辽远的、辽远的去处，或者坠落到海水的极深去处，而在那里诉说她的秘密。她所寻觅的是，在世界上有一点顶红顶红的红色，或者是一点顶黑顶黑的黑色，作为她的皈依。”

所以自始至终，在这段爱情里，她不要锣鼓喧天的婚礼，亦不要华盖红烛的洞房之夜，甚而不要胡兰成的钱，非但如此，且在与他分手时都用节省下来的稿费接济他。她只要他应承给她的那句“岁月静好，现世安稳”。

然而，那是个乱世，无言静好和安稳。而他那个风流倜傥的人，在如此乱世亦不肯栖身给她一丁点儿精神上的静好和安稳。俗世生活，就是这般残酷，不尽如人意！

所幸，她自坚强、傲然独立，深知要做自己的主人。如是，放手。

能如此，真好。

否则，做了他的身体依附，他的精神傀儡，就如同将自己的灵魂交付给了一个魔鬼般，便就处于水深火热之中了。

弟弟张子静，曾为在这段爱情里受伤的姐姐打抱不平：“姐姐聪明一世，爱情上却沉迷一时。这个婚姻没给她安稳、幸福，后来且是一连串深深的伤害。胡兰成说她‘不会跌倒’，她却为胡兰成跌倒了，终至心灵萎谢，最后以离婚收场。她的第一次婚姻不足三年，比母亲的还短，而所受挫折则更深。”

我虽似张子静一样为张爱玲对胡兰成的这份情深不值，但是，我亦深知张爱玲是不悔的。能入她心的，绝是“君子如响”般的人，且真正地明白她。而胡兰成便是如此的一个。

她那句“因为懂得，所以慈悲”，亦是对胡兰成懂她的一种释解。

想她张爱玲绝非传统意义上的“佳人”，然而摒弃掉“佳”字在美色表象方面的意义，看张爱玲则是旷世绝代之人。如是惊艳的旷世绝代的“佳人”，便唯胡兰成一人识得。如何，不让张爱玲为他一人情动呢！

所以说，对于这段爱情，她虽遍体鳞伤，却是不悔的。

而人生在世，能有一次这样深刻的爱，亦足够！

后来，胡兰成还去爱丁顿公寓找过张爱玲，那时已人去楼空。再后来，他辗转中得到了张爱玲在美国的地址，于是将出版的《山河岁月》《今生今世》附带着一封缠绵至极的信寄了过去。只是，此时连厌倦他的心都没有了，张爱玲只回了一张短笺：“兰成，你的信和书都收到了，非常感谢。我不想写信，请你原谅。我因为实在无法找到你的旧著作参考，所以冒失地向你借，如果使你误会，我是真的觉得抱歉。《今生今世》下卷出版的时候，你若是不感到不快，请寄一本给我。我在这里预先道谢，不另写信了。”

短短数语，将对他的淡如白开水的感情，清晰准确地传达给他。告知他，不必再纠缠，将曾经遗忘或者珍藏都可，就是不要再彼此打扰。

一切皆成回忆，与现今再无牵连！

第五章

比烟花寂寞的岁月

仿佛，在夜色清凉中我听到她说：

“普通人的一生，再好也是桃花扇，

撞破了头，血溅到扇子上，

就在这上面略加点染成一枝桃花。”

如是，我看到拿着一把桃花扇掩面而行的她。

她的身后，

轰轰隆隆地亦步亦趋跟随着的，

是一段比烟花还寂寞的岁月。

桑弧，亦不是她的男主角

（一）

和张爱玲离婚后，胡兰成的日子过得很不错。安然自在，先后去了北京、日本，后来跟上海滩大流氓吴四宝的遗孀佘爱珍结为夫妇，找到了一个长期安稳的饭票。

然而，张爱玲却因着他的缘故，承受着无与伦比的压力。

那时抗战胜利，全国都在声讨汉奸。民众压抑了太久的愤怒，终于在顷刻间如洪水暴发，气势汹汹地涌上来。国民政府亦制定了“惩办汉奸条例”，其对象也包括“文化汉奸”。张爱玲因与《杂志》及和胡兰成的关系，而被无数声浪谩骂。

霎时间，曾经是上海滩传奇的张爱玲，过往成就，皆成污点。她虽无作为，却因胡兰成的有作为，而成了人人喊打的众矢之的。在那个时代，没有谁认为她是无辜的，皆认为她和胡兰成一般同流合污。也是，民众压抑已久的愤怒情绪需要宣泄，而且要淋漓尽致地宣泄出来的，胡兰成逃跑了，然张爱玲在，那么所有的谩骂她就要独自承受。谁让她爱了那个人呢！

由此，只消一瞬，风华绝代的张爱玲即身败名裂。

面对如此突变，她自我沉潜，搁笔沉默。

如此，她承受的是怎样一种煎熬呢。弟弟张子静替她将那时的煎熬以怜惜的口吻给予还原："抗战胜利后的一年间，我姐姐在上海文坛可说销声匿迹。以前常常向她约稿的刊物，有的关了门，有的怕沾惹文化汉奸的罪名，也不敢再向她约稿。她本来就不多话，关在家里自我沉潜，于她而言并非难以忍受。不过与胡兰成婚姻的不确定，可能是她那段时期最深沉的煎熬。"

后来的后来，张爱玲在《传奇》增订本的序言里，还是反驳了胡兰成给她招来的这些不良舆论。

"我从来没有想到需要辩白。但是一年来常常被议论到，似乎被列为文化汉奸之一，自己也弄得莫名其妙。我所写的文章从未涉及政治，也没有拿过任何津贴……至于还有许多无稽的谩骂，甚而涉及我的私生活，可以辩驳之点本来非常多。而且即使有这样的事实，也还牵涉不到我是否有汉奸嫌疑的问题；何况私人的事本来用不着向大众剖白……"

爱上胡兰成，真真是个祸端。

在一起时，他伤她至千疮百孔；不在一起了，他还于无形中将犯下的罪孽加在她的身上。真真是个该千刀万剐的人。

这爱，由我看来，就是一个错误，虽然张爱玲自始至终都觉得无悔。

还好。命运之神，还是眷顾她的。

就在她经济即将陷入困顿的时候，她的几个老朋友向她约稿了。

原来，她的朋友龚之方、唐大郎办了一份通俗的小报《亦报》。作为出版人的龚之方，因为之前就与张爱玲就《传奇》增订本的出版事宜合作过，而赢得了此时张爱玲的信赖。加上《亦报》的基调是休闲娱乐，故而张爱玲答应他们再次提起那杆可摇曳成魅惑罂粟花的笔。

《亦报》这方，自然深知张爱玲在通俗文学方面的实力和曾经的辉煌，只希冀借着她的文字使报纸一炮打响。

经历了文化汉奸事件的张爱玲，还是谨慎了，她用了一生中唯一一次使用的笔名——梁京。书写的作品，就是小说《十八春》。

该小说在《亦报》连载数日，亦获得了空前的追捧。女主角顾曼桢的故事牵动了无数人的心。据说，有一个女读者从报社得到了“梁京”的住址，便一路狂奔来到张爱玲的住处，一见张爱玲就痛哭流涕起来。张爱玲见状被吓坏了。原来，她有着和顾曼桢相似的经历。

还有个太太，在读完顾曼桢的悲惨故事后，气得把报纸狠狠地摔在地上，声称要找到“梁京”打她两个耳光解恨，因为她把顾曼桢写得太惨了。说着说着，她竟自顾自地大哭起来，说不知道顾曼桢以后要怎样活下去。

迫于时代需求，张爱玲最后在连载中给了《十八春》一个阳光的结局。还是因为之前文化汉奸的缘故，心里有了阴影的张爱玲不敢太过别出心裁，而是顺应了当时所有文学作品的套路。

不过，她素来对自己的文字挑剔，对撰写的故事挑剔，她亦不能容忍某些文字、某些故事桥段，脱离本意。于是，在去美国之后，她还是将《十八春》的结局进行了修改，书名改成了《半生缘》。

生活似看到了崭新的触角。

而这个时期里，一个叫桑弧的男子，点亮了她爱情的某个角落。

（二）

和桑弧认识，是在话剧《倾城之恋》公演后。

桑弧是个温良的男子，原名李培林，籍贯宁波，1916年12月22日生于上海，毕业于沪江大学（现上海理工大学）新闻系，是文华影片公司创始人之一。1935年，结识了周信芳和电影导演朱石麟后，在他们的引导下开始尝试文艺写作，并开始涉足电影界。

他起初做电影编剧，是缘于在这方面的爱好和天赋，没想到却获得了意外的成功。于是，他辞去毕业后被分配到的那份不错的银行工作，正式做起专业编剧的工作。后来，随着在电影界的摸爬滚打，又跻身导演的行列。事实上，之后导演事业伴随了他的一生，而他亦是我国电影史上颇有建树的著名导演之一。

1941年，电影史上极卖座的电影《灵与肉》《洞房花烛夜》《人约黄昏后》，就是他创作的处女作电影剧本。在那年，他亦取诗“当年蓬矢桑弧意，岂为功名始读书”中“桑弧”二字作为笔名。

1946年7月，他在上海石门一路旭东里的家中组织了一场文艺界的聚会。当时邀请人的行列里，有柯灵、龚之方、魏绍昌、唐大郎、管敏莉、鸳鸯蝴蝶派作家胡梯维及其夫人金素雯等人。

在他的邀请人里面，还有张爱玲。他想通过这次见面，邀约张爱玲做影片公司的编剧。但是苦于不认识张爱玲，而不能亲自邀请。于是，他就特意委托跟张爱玲熟识的柯灵代为邀请。

不知张爱玲是碍于维护柯灵的面子，还是其他，素来甚少交际的张爱玲竟然参加了，同来的还有好友炎樱。

由此，于冥冥中的注定，她和桑弧的那段缘分得以成行。

可是，她虽然人来了，却郁郁寡言不合群。她还沉浸在胡兰成带给她的伤害中。当众人谈笑风生时，她只静静地坐在一隅，神情落寞，如同一个苦旅中的浪人。她的眼神里，更盈着一汪望不到尽头的荒芜。

这样的张爱玲，让腼腆的桑弧有些望而却步。可是，这个他仰慕已久的女作家近在眼前，他怎么能却步呢。于是，他暗暗给自己一遍又一遍地打气，终于走到一身孤冷气息的张爱玲身边。

他谦恭地说道："张小姐改编的《倾城之恋》的话剧，我看了首演，太让人惊艳了。非常佩服你的才情，所以希望有机会能和张小姐合作电影剧本。"

张爱玲抬头看了看他，什么也没说。

她不是反感，而是对写电影剧本这件事有着犹豫。曾经在1943年的时候，她尝试着写过一出戏的剧本《走！走到楼上去！》，然而演出的前景并不好。因着这样的失败经历，她对写电影剧本有着退却的心理。

关于她那刻的心理，后来她在回忆中写道："我当时觉得茫然。据说现在闹着严重的剧本荒。也许是的确缺乏剧本——缺乏曹禺来不及写的剧本，无名者的作品恐怕还是多余的。我不相信这里有垄断情形，但是多少有点壁垒森严。……写文章是比较简单的事情，思想通过文字，直接与读者接触。编戏就不然了，内中牵涉到无数我所不明白的分歧复杂的力量。”

然而，她毕竟热爱电影。当后来桑弧和吴性栽合办了文华影业公司再次诚恳地请张爱玲做编剧时，她终拗不过心底那份对电影的热爱，而答应了下来。

他们一起合作的第一部电影是《不了情》，启用了时年当红明星刘琼和陈燕燕分别来饰演男女主角。强强联手下，自然引起了很大轰动。张爱玲对于创作电影剧本亦有了信心，而桑弧更是信心倍增，马不停蹄地又邀张爱玲写了《太太万岁》的剧本。依然启用了当时上海滩最红的明星，轰动亦大。在上海皇后、金城、金都、国际四大影院同时上映，且连映了两个礼拜都场场爆满。

由此，张爱玲成了电影界炙手可热的编剧，跟电影界的朋友亦多了些交往。

在拍摄的时候，导演桑弧因为要与张爱玲交流影片事宜，去她的住处最为多。如此一来，两个人的来往亦比别人密切了些。那时，看在眼里的众人纷纷觉得，为人忠厚又才华横溢的桑弧和同样有才华的张爱玲是一对天造地设的璧人。

于是，有热心的朋友便向张爱玲说媒，要将桑弧介绍给她。然而，不知是情缘未到，还是张爱玲有所顾虑，她只是一直摇头，未曾言语。

她用沉默的方式拒绝了这段外人看来美好的情缘。许多人都不能理解，不过张爱玲心里清楚，她和桑弧不是同一类人，在一起亦不会幸福，还是做朋友好，可以长久，不伤彼此。

后来，这段错过的情缘，成了世人纷纷猜测的故事。大家好奇，到底桑弧有没有爱过张爱玲，而张爱玲又是否爱过桑弧呢。我亦好奇，但是当读完《小团圆》后，一切有了答案。在《小团圆》中，九莉（张爱玲）对燕山（桑弧）说："没有人会像我这样喜欢你的。"最后，她又写道："但是燕山的事她从来没懊悔过，因为那时候幸亏有他。"

还如何说呢。他们本深爱着彼此，张爱玲爱桑弧，而桑弧亦爱张爱玲，只是他们相识的时间不对罢了。在对的时间遇见对的人，才是最好的爱情。然而，此时张爱玲正处在胡兰成对她的伤害中走不出来呢，她何言新的爱情。那对胡兰成说过的"我亦不能够再爱别人，我将只是萎谢了"，怎能一会儿就为桑弧盛放呢！她虽敢爱敢恨，却自有她小女子的矜持。

而桑弧这个良善的人，亦不勇敢。比起胡兰成，他应自叹不如。在和张爱玲交往的时候，他兀自将对张爱玲的爱慕深藏在心底，所谈不过是些跟爱情风马牛不相及的影片话题。当得知张爱玲拒绝了朋友的提亲，他便将爱蜷缩在一个黑暗的角落，不让它见天日。他亦过于善良，深知此刻的张爱玲还活在胡兰成带来的伤痛中，他的出现只是缓解了她的疼痛，却断然无法成为医治她伤痛的一剂快、狠、准的良药。

如是，这段情缘，还未开始就在畏缩中无疾而终。

（三）

不过，桑弧在张爱玲情伤最重的时候温暖过她的事实，还是成了她终生难以忘怀的温暖时光。

要不后来，她不会在《小团圆》中写道："过30岁生日那天，夜里床上看见阳台上的月光，水泥栏杆像倒塌了的石碑横卧在那里，浴在晚唐的蓝色的月光中。1000多年前的月光，但是在她30年已经太多了，墓碑一样沉重地压在心上。"莞尔又写："雨声潺潺，像住在溪边。宁愿天天下雨，以为你是因为下雨不来。"

文字是心境。那时期的张爱玲是多么孤寂悲伤，由30岁生日那天的感受即知，而处于这样情境中的张爱玲若是生活中没有桑弧该怎么度过。

和桑弧合作的那段时期（1947～1952年），亦是张爱玲一生中少有的"艳阳天"。虽然，这段时期她经历着感情的背叛和事业上的失落，却也在桑弧及一些朋友的帮助下，获得感情上的疏解以及事业上的成就。据那时的朋友回忆，在她一向冷傲的性情中，多出了几分暖色。

在我看来，这功劳，桑弧最大。

只可惜的是，他们之间的情缘菲薄。

后来，桑弧娶了一个圈外女子，彼此相敬如宾地过完了平和的一生。这样的生活，于温良性情的他应是最适宜的，以他的个性，确也禁不起爱情里的波澜起伏。而张爱玲，这个传奇的女子，断不会在爱情里平凡的，那些寻常的幸福于她而言不入心。也许，桑弧一早就洞明了，所以才那般隐忍着爱慕退却了。

将拥有放弃，只远远地，默默地欣赏、爱慕她。亦好！

1952年，张爱玲从上海去了香港。之后，她和桑弧再也没有见过。

后来，他们之间的关系亦渐淡了。桑弧自以“叔红”的笔名为张爱玲的《十八春》撰写评论后，就再也没和张爱玲有任何联系；在1995年张爱玲去世，当各方都写文章怀念张爱玲的时候，他却一直保持沉默，没写任何文字。

这段感情，在过往的60年中，他们俩都矢口否认，直到张爱玲的那本《小团圆》出版后，这段始终被认为是“绯闻”而已的恋情才公之于世。

从中，我们更可在张爱玲的那些情深的文字中，看到她对他的爱恋。然而，他非胡兰成那种，非要斗胆和她这个“正大仙容”的女子谈一场轰轰烈烈的爱情。他要的那种带着人间烟火气的小幸福，张爱玲给不了。他便唯有放弃，将那一份深爱，埋藏在心底，以自己的方式，于沉默中爱慕着她。

他的爱的伟大，我想是凡尘间少有的。试想，凡俗间的人，谁没有据为己有的俗念！

然而，议论再多，都不及事实过往的真相。

他终究不是她生命里的男主角。

我们这些后世的看客，也唯替他们惋惜，无他可做。

上海，惘惘的威胁

（一）

张爱玲是一直都有种“惘惘的威胁”的感觉。

1947年，在《大家》发表的《华丽缘》里，她写下了那段被认为是至爱名言的“惘惘的威胁”的句子。

忽然间，她对自己的身世有了悲凉之感：“没有什么东西可以是永恒的，没有什么东西是永远的、可以是独立独行于时代之上的，伟大之如孙中山，亦不过是做了乡间农民演戏的黯淡背景。”

诚然，在她的世界里，煊赫家族不永恒，父爱母爱不永恒，爱情亦不永恒，一切经历都那么飘忽不定。所以，有那么一长段日子，她将自己尘封起来，除了在家看书，看看每日的新闻外，偶尔陪陪回国的母亲，再就是长时间沉浸在文字里。红尘乱世，似乎与她没了关系。

日子趋于一种安之若素的美好状态。

那时，她和姑姑一起搬离了爱丁顿公寓，在重华新村二楼21号租下了一个两室一厅的房子。其间，母亲黄逸梵从国外回来了一次，只是没待多久，又出国了。这个风华绝代的女子，早已不习惯上海这个纷乱的城市，她的灵魂漂在国外那片自由的土地上，那里才是她清净的归宿。她这次离开，再也没有回来。临别前，她和张爱玲有了一次温馨的长谈，她建议张爱玲离开上海，去香港。在她看来，如今繁芜的上海，绝不适合张爱玲写作。

当时，张爱玲还没将母亲说的离开听进心里。因为，上海毕竟是赋予塑造她经年灵肉的地方。她有着不舍，虽然觉得满处皆是“惘惘的威胁”，却不曾下定决心离开。

这时期的父亲，已非过往那般。生活之艰，只能靠着变卖房产、典当物什来维持日常开销。然而，仍和继母孙用蕃离不了那鸦片的瘾。房子越住越小，直至最后住到一个只几十平方米的小房子里栖身。当年的辉煌，只能怀想了。

这样境遇中的父亲，张爱玲依然做不到亲近。他们之间，亦没有任何交集。

母亲走后不久，张爱玲就以“梁京”为笔名出版了《十八春》，并取得了极大的轰动。接着，又写了中篇小说《小艾》。然而时局变动，逼迫着张爱玲的写作主题和风格要随之改变。这于张爱玲而言是极难的，于是，她选择了封笔。

有些迷惘，但又在迷惘中豁然明朗。

这一次，她决定自我“放逐”，再不为谁零落成泥，亦不为谁欣然盛放。不为他人，只为自己。

在上海滩这座繁华的城市里，她辉煌过、爱恋过、萎谢过、沉落过，又再次辉煌过，然而，这一切都将成为过往，成为历史里的一粒小小的尘埃。这座城市，亦不再是她的舞台，她已经在这里演不下去，所以要提早收场。

那么，唯有离开。

（二）

一座城市之于一个作家，乃如其创作朝拜过程里的缪斯圣地。

一如伦敦之于狄更斯，巴黎之于雨果，都柏林之于乔伊斯，布拉格之于卡夫卡，北京之于张恨水，绍兴之于鲁迅。

而上海之于张爱玲，则是那一个长身玉立的女子与一座风华倾情的城市的爱恨纠葛。

张爱玲冷漠、寂静、通透地站在这个城市的一隅，将知晓的那些在这个城市里烙下的难过和故事，一一倾诉。由此，世人得以看到一部部烙印着上海那座风华倾城痕迹的故事及过往，《倾城之恋》《金锁记》《第一炉香》《心经》《花凋》《十八春》……而张爱玲自始至终都是以一个自然而决绝的姿态隐在这些故事和过往的背后，将内心深处的那些渴慕和失落，以及其他，通过小说一一描摹出来。

然而，这座城市渐渐地在历史的长河中，变换了面目。

那里，上演的或者演绎着的再不是张爱玲朝拜过程里的缪斯圣地的故事。于是，她便如《倾城之恋》里的白流苏那般，只能逃离。

可是，那时的白流苏还有个范柳原呵护在身边，说："在上海第一次遇见你，我想着，离开了你家里那些人，你也许会自然一点。好容易盼着你到了香港……现在，我又想把你带到马来西亚，到原始人的森林里去。"

如此暖心的话语，我若是白流苏，亦会天涯海角地随着他去。

然而，张爱玲是寂寥的，她的愿景都在她编撰的那些美好的爱情故事里。现实里，她除了自己，再无他人能作陪。

即便如此，她还是决绝地要一个人飘散到天涯，给自己一个"放逐"。

多年前，她就说过："时代是仓促的，已经在破坏中，还有更大的破坏要来。"她早就先知先觉地预知到时代带来的"惘惘的威胁"，而这几年里，她亦始终处于一种动荡之中，想要的安稳像天边的星星，思慕得到却得不到。如是，便只有逃离这座满载着回忆的城市了；如是，唯有一段自我"放逐"才能拯救她失落的灵魂。

要到哪里去呢？茫茫人世，何处才是居身之地呢！

思忖间，想起母亲临行时说的话。于是，顺应母亲的想法，她选择去往香港。

（三）

香港素来有"东方之珠"的美称。这里物欲横流，可以让人肆无忌惮地做白日梦，亦可以一无所有地孤独着。

因为这是座光鲜亮丽，却给不起任何诺言的城市。

10年前，因为战争，张爱玲曾从这里匆匆离开；10年后，迫于时局，张爱玲再次归来。

昔日红遍上海滩的张爱玲，面对这世道人心，亦只能趋时、避祸，真是无奈。

时光之轮真是可怕，连上海这座百年前昌盛繁荣的城市，都被细细地打磨掉棱角。张爱玲这尘世间渺小孤独地开在沦陷区废墟上的罂粟花般的女子，如何能与之抗衡呢！

离开，是明智的。

假如她留下来，在那场史无前例的动荡中，因为胡兰成之缘故，她将会受到怎样的“审判”，我们似乎可以窥见。

于她的文字而言，离开似乎是错的选择。因为她的文字，只能是上海这座城市给予滋养，才能将之幻化出绝代风华，才能横绝于世。这之后，她的文字便随之黯然失色，不见了华丽、犀利。

据说，她离开前还去了趟西湖。面对着潋滟的湖光、悠长的苏堤、典雅的亭阁，以及那些无法触摸的清凉与遥远的江南诗意过往，不知她做了何想。但是，有一点可以肯定的是，内地任何地方都无以安放她满目疮痍的心。

只是她没想到，这次离开，竟是永久离开。此后，她再也没能回来。

这应是她离开前未曾料到的。

当初，她以申请赴港读书为由离开。怀着一颗紧张而急迫的心出发，先坐火车从上海到广州，后又坐火车经深圳到香港。护照上，她用的是个笔名。在去香港的码头上，等待检查时，一个小小的民兵审视地看了她一眼，又看了看照片问：“姓张？行李中有金银首饰吗？”

她点了点头，紧张地说：“只有一副包金小藤镯。”

行李递了过去，检查过关的人，并没有看出她是红极一时的大作家张爱玲。他只狠狠地检查了一下她的首饰，并将她那对有着浅色纹路的棕色粗藤上镶着蟠龙蝙蝠的包金小藤镯刮花了，再没有过多地刁难她。后来，她在文章里用一种极其轻松调侃的语调写道：“他瞥见我脸上有点心痛的神气，便道：‘这位同志的脸相很诚实，她说是包金就是包金。’”

也许是因着这很诚实的脸相，民兵检查完她的行李，就放她上船。

张爱玲站在船上，终松了口气。只是，回头的当儿，看着那个她生活了25年的地方，有了些酸楚及苍凉感。

她只是凡尘中人，也便只有这些感触了。对于这次自我“放逐”成为诀别的事，她亦不得早知。

香港，别他的城

（一）

1952年，32岁的张爱玲，再次踏上香港这片土地。

最初，她申请出境，拿的是港大开的证明，理由是“继续因战事而中断的学业”。到了香港之后，自然是要去港大。几经周折下，在这年的8月，她终于获得在港大复读的资格。

然而，此时不写作的张爱玲彻底失去了经济来源。身边为数不多的积蓄也花得差不多了，她陷入一个无比困窘的境况中。无奈之下，她不得不出去谋职。这时好友炎樱邀她去了一趟东京，却处处碰壁，最后不得不返回香港。可是，她的仓促离开激怒了校方，他们拒绝她的复读申请。

无妨。本来她来港大复读，也只不过是离开内地的一个借口或者理由罢了。拒绝，对她而言不是什么伤害或打击。所以，她毅然离开，找了个临时的住处，开始她的谋职生涯。

然而，对于一个没有工作经验的人而言，想要找到一份称心如意的工作，真真是不容易。所以，在求职过程中，她这个昔日风靡上海滩的大作家，遭遇了平生里最多的冷眼和淡漠。

她说过："香港是一个华美的但是悲哀的城。"

也许，就是出于对种种不尽如人意的状况的一种表达吧！

不过，最后她骨子里的那份厚积的才华帮她找到了一份满意的工作——在美国驻香港新闻处做翻译，将一些西方名著翻译成中文。她有着深厚的国文功底，又能说一口流利的外语，亦通晓很多外语知识，所以翻译英文作品对她而言是件极轻松而又有意义的事情。

在那段工作期间，她翻译了海明威的《老人与海》、华盛顿·欧文的《睡谷故事》，以及《爱默生选集》和《美国七大小说》等文学名著。由于对翻译工作驾轻就熟，这期间，她还有了写作时间，创作出电影剧本《小儿女》《南北喜相逢》。这两部作品，文风尽见清雅，验证了她此刻正洗尽铅华，不再浓妆重彩，而是天然淡妆地活着。

亦是在这段工作期间，她结识了宋淇夫妇。而他们，亦成了她后半生最好的朋友。时年，宋淇的夫人邝文美也在美国驻香港新闻处做译员。40年代出生于上海的宋淇夫妇，对张爱玲可谓是久仰其名，亦是她的热心读者。想不到机缘巧合，他们可以在香港邂逅。如是，情谊相生，此生此世不移。

作为著名戏剧家宋春舫之子的宋淇，十分钟情于中国古典文学，对

《红楼梦》亦有颇多新颖别致的研究。如是，跟同样是红楼迷的张爱玲有了更多的话题和兴趣。

人生得一知己，难矣。张爱玲深知这个道理，所以她很珍惜和宋淇夫妇的友谊。而宋淇夫妇，待她亦好。

他们在言谈中，偶提起张爱玲的感情，见她缄默不语，于是，在此后交往的半生里他们都未曾再提起她的沧桑过往。

张爱玲的崇拜者向来很多，在香港亦颇多。当她在香港的消息传出后，经常有人登门拜访。这是张爱玲所不喜欢的。宋淇夫妇知道后，为免她受外界的干扰，于是在家附近帮张爱玲租下了一套房子。他们夫妇的真性情，得到了素来不和人深交的张爱玲的认可，亦使在天涯羁旅中的她得到了无数暖暖的温情。

由此，他们之间的交往便频繁而密切起来。

而她的在港生活，亦因为有了他们夫妇渐趋向安定。

（二）

生活趋于安定后，张爱玲又生了创作小说的念头。

毕竟，她这一世生来就是文字的身，文字于她，始终是一种无法割舍的情结。所以，在那套宋淇夫妇帮忙租下的房子里，她又开始了写作生涯。

她创作出了第一本用英文写的小说《秧歌》，在美国出版后，在读书界得到了不错的反响。

可是，后来张爱玲将《秧歌》翻译成中文，在香港《今日世界》连载时，反响却极不尽如人意。而在香港出版的英文本和中文本，都销售惨淡。有人说，将文风趋于平淡的《秧歌》，无法喂养张爱玲之前的读者。他们还沉浸在张爱玲带来的比如《红玫瑰白玫瑰》《倾城之恋》《十八春》那样浓稠得化不开的悲情故事里，这样的作品真真是如嚼蜡般索然无味。

接下来，张爱玲又写了一本《赤地之恋》，遭遇如同《秧歌》一般。

她有些失望了，再没了创作的欲望。

她已清楚地看清，香港绝不是可以充分展现她文学才华的地方。这个纸醉金迷的城市，没有深厚的文化底蕴，亦没有欣赏包容的心，不适宜一个靠文化过活的作家长久居住，更不是一个适合创作的地方。这里的文学界，不见原创，所见最多的是翻印的中国、东南亚，以及海外华人的作品。而一个作家要创作，需要的是一种文化底蕴浓郁的氛围赋予灵感。这处地方，决然不是。

香港，始终是别他的城。10年前如此，10年后亦如此。这里不是她的栖身之处。

她的城，在上海。她擅写那个城市里的世俗情爱、没落贵族、市井小民，她连那个城市里人的坏，都写得玲珑剔透，如若雨夜点燃的一盏琉璃灯，明丽得叫人叹服。她3岁能背唐诗，一首“商女不知亡国恨，隔江犹唱后庭花”，吟诵得前清遗老直泪沾襟，还有她熟读的《红楼梦》《西游记》《七侠五义》……这些统统都是二三十年代的上海孕育给她的。

她的根在上海。而非香港，抑或别的城市。

所以，她后来感慨道：“文人该是园里的一棵树，天生在那里的，根深蒂固，越往上长，眼界越宽，看得更远，要往别处发展，也未尝不可以，风吹了种子，播送到远方，另生出一棵树，可是那到底是很艰难的事。”

可是，那座城市，她再留恋，也回不去了。

那裹着旗袍在上海街道上踽踽独行的模样，也只能留存在回忆里了。

她自踏上这座别他的城，就没了回头的路。只能叹，宿命如此！

美国，再度“放逐”

（一）

在香港的张爱玲，除了欣慰能遇见宋淇夫妇外，无他高兴之事。

她在《对照记》里的那张在香港兰馨照相馆照的照片上：她穿缎子做的高领短袖大襟衫，衣着在照射下发出柔软的光芒。半昂着头，眼睛朝着侧上方，短发。这是被公认地尽现她清贵桀骜气质的一张照片。然而，我却从中看到了寂寞，那种从肌肤透过衣服沁出的寂寞。

这应是她在1954年左右照的，那时她早已和胡兰成离婚。虽依然于淡妆艳服中尽现娇媚，如一株盛放的花朵，然而，因了没有赏花人，而显得意兴阑珊。

这样的落寞，再加上文学方面的挫败。

在香港待了3年，张爱玲最终决定离开，再次将自己“放逐”。

文学带给她的失落，比什么都致命。她可以挥挥衣袖不带走一片云彩地跟她的爱情、婚姻说再见，可是，她无法做到潇洒地放弃文学带给她的恩宠。

她是个为文字而生的人。所以，文字如同她的命，一旦文字出了纰漏，她便觉得窒息，仿佛自己不能活了。

既然，香港这座城，无法让她的文字绽放摇曳，那么她就离开。

适时，美国曾颁布了一项难民法令：允许在某些方面有特长的人到美国去，日后还可申请成为美国公民。3年之内，在整个远东地区有5000个名额，其中3000个留给本地人，2000个给外地人。

张爱玲是从上海到香港的，这种情况属于外地人申请，只有两千分之一的机会。张爱玲深知这点，却仍然提出了申请。法令中有个规定是，申请者必须有一个美国公民做担保。于是，张爱玲便请她工作的美国驻香港新闻处的处长也就是那个欣赏她才华的麦卡锡为她做了担保。

留洋，这是隐藏在她心中多年的向往及梦想。

母亲和姑姑留洋的时光在她心中留下了不可磨灭的温暖记忆。因着这样的缘故，自小她便觉得国外是洋溢着浪漫自由气息的幸福国度。那里，连风、雨、尘埃都自由典雅而放达。此际的她，最最需要的就是这种自由带来的随性、不羁和散漫。最理想的国度是英国，那是母亲和姑姑去过的地方，在那里她们获得了更自由、独立的精神生活。曾经，她是有机会去的，但是战火将她的美梦打得粉碎。

如今，能到大洋彼岸的美国去，亦是种美好的退而求其次的补偿。

如是，她说着“要换一种干净利落的活法，要在蓝天碧海下自由呼吸”，开始了她的梦想之旅。

（二）

1955年秋，张爱玲坐名为“克利夫兰”总统号的轮船，从香港海岸驶向美国。送行的，只有宋淇夫妇。

真的离开，张爱玲有了不舍。她对着滔滔的浪水，黯然地回头望了又望，如上一次望上海那般。虽然于她，香港与上海比较而言，感情不深，但那毕竟是中国的一块地景，而如今奔赴的则完全是一个陌生的跟她的曾经无丝毫关联的地方。

这样想着，忍不住伸手抚摸了下阳光，还是中国的阳光，照在手臂上有着母亲般馨香的气味。留恋，从未曾有的留恋就那样在心头攒动着，直至泪湿眼眶。

在船抵达日本的时候，她立即给宋淇夫妇寄了一封长达6页的信：“别后我一路哭回房中，和上次离开香港时的快乐相反，现在写到这里也还是眼泪汪汪起来……”

自始至终，她对中国都有着很深的不舍之情。

曾经在她未离开中国的时候，就用文字表达了：“所以活在中国就有这样可爱；脏与乱与忧伤之中，到处会发现珍贵的东西，使人高兴一上午，一天，一生一世……”

这是写于1944年8月的文字。在《诗与胡说》的文章中，张爱玲将不舍得离开的心意予以清澈的表达。然而，迫于形势，她不得不离开。

我知道，她虽没说不舍上海，但是这一生，她最最不舍的就是上海。

可惜，自从她离开上海的那一刻起，她的脚步就再也不能回转了。

然而，最让人可惜的是这一次放逐，是个错。

她本以为用反响不错的《秧歌》能叩开美国文坛大门，然而，《秧歌》一书虽然反响很好，各方评论亦好，第一版很快就卖光了，可惜，它却没能挤进畅销书排行榜的行列。在美国，出版商是非常现实的，一本书得到再多的好评，如果不是畅销书，便不会有再版的可能。《秧歌》就落了个得到好评但不畅销的悲惨命运。分析起来，也可以想到这个结局。

《秧歌》之所以在美国引起一时的轰动，缘于它表达出的思想，在冷战时期的美国，这种思想较为引人注目，再加上作品出自一个社会主义国家的作家笔下，噱头就有了。

至于张爱玲的才情，并没有在美国文坛中引起轰动。

这次《秧歌》短暂的、浮在表面上的成就，亦给了张爱玲一种成功的错觉，使得她到美国的决心更为坚定。可是，后来的后来证明，一切都是假象，她的文学之路在美国行走得异常艰难。

木已成舟。张爱玲或许也有后悔这个决定的时候，但是都无法回头了。

她已离去，注定漂泊在美国这片别他的土地上。

（三）

船在美国旧金山入境，下了船，张爱玲就坐火车直接赶往纽约。

因为，那里有一个她思念的人，她一生最好最亲密的朋友——炎樱。此际，炎樱已经移居美国，在纽约做房地产生意，如火如荼。

好友相聚，分外欢喜。她们又一起逛街、看电影、买零食，仿佛在香港和上海时那般，单纯、温馨。然而，还是有什么改变了，在岁月、容颜、心境里，早已不是十几岁那般了。但是，种种这些都是无形的。她们的欢喜，是实实在在存在着的。

在那个遥远的陌生国度里，能有炎樱在张爱玲的身边，是件欣慰的事情。这样，张爱玲不至于太过孤寂无靠。

张爱玲到纽约，还有一个人要迫切地见到。他就是张爱玲仰慕已久的胡适先生。

张家和胡家颇有些渊源。曾经张爱玲的祖父张佩纶和胡适的父亲胡传有一段交情。据说，张佩纶在胡传事业受阻时出手帮助过他；后来张佩纶被贬，胡传亦知恩图报，给困境中的张佩纶寄去了200两银子。到了胡适这代，满腹才情的胡适成了张家人人崇拜的对象。张爱玲的父亲、母亲、姑姑，皆都崇拜着他，姑姑、母亲在留洋时因与胡适一起打过牌，而时常引以为傲；父亲亦很喜欢胡适的文章，买过很多胡适的文集。张爱玲也在父亲的影响下很早就接触到他的作品，对他亦仰慕多多。在港大那场战事中，张爱玲冒着炮弹轰袭的危险，几天都未抬头看的那本《醒世姻缘》，就是胡适先生的著作。可见，胡适先生在她心中的地位。

所以，她到纽约不久，便迫不及待地和炎樱一起去拜访了胡适先生。

在纽约东城区81街，张爱玲和炎樱叩响了胡适先生的门。此时，胡适已经脱离政坛，开始他寂寥而又闲逸的生活。在这里，他深居简出，很少见客，过着一种晒太阳、喝茶、读书的安宁时光。

胡适热情地招待了她们。张爱玲一向不善言谈，虽然内心翻滚激荡，但是大多时候都在静静地倾听。所幸炎樱善谈，她与胡适先生活泼地交谈，而没使气氛太过尴尬。那日，张爱玲还见到了胡适先生的太太江冬秀，亦是个和蔼温善的老人。二人皆好客，这让初见胡适的张爱玲心里有了说不出的暖意。

这次见面，甚欢。

后来，张爱玲在忆胡适的那篇文章中写道："适之先生穿着长袍子。他太太带点安徽口音……态度有点生涩。我想她也许有些地方永远是适之先生的学生，使我立刻想起读到的关于他们是旧式婚姻罕有的幸福例子。"

几天后，张爱玲忍不住再次去拜访了胡适先生。

这次，她参观了他的书房。高大的书橱里排列着一沓沓夹着许多凌乱纸片的文件夹，那是胡适先生所做的各种笔记。看着这些，张爱玲更升腾起一股对胡适先生的敬佩之情。

这次聊得更好，更亲近。

缘于过往交情，亦缘于对张爱玲的欣赏，胡适先生对她非常照顾。唯恐她在异国他乡的日子寂寥，多次打电话问候。后来，他还亲自到张爱玲的住处探望她。

那时，张爱玲已由炎樱的住处搬离了出来，经炎樱好友的帮助，住进了救世军办的女子宿舍里。这个宿舍，如同贫民窟一般简陋。尽管炎樱不同意，但张爱玲知道出来就是要独立的，所以坚持住在这里。炎樱无奈，只得顺从她。

可是，胡适先生来探望她的那天，她有些尴尬了。她请他到那个黑洞洞足有学校礼堂那么大的客厅里坐，在空旷的大客厅里，张爱玲窘得有些无处安放自身。倒是胡适先生，随和、善解人意，为缓解她的尴尬，一个劲儿地赞这个地方不错。

张爱玲自是体会到胡适先生的用心良苦及善解人意。在临别时，她对这个景仰已久的长辈产生了很深的依依不舍之情。

在那一年的感恩节晚上，和炎樱狂欢一番喝得有些醉意的张爱玲接到了胡适先生的电话。胡适先生因为怕张爱玲在节日里寂寞，于是约她一起去中国馆子吃饭。可是那天张爱玲不只喝得有些醉，还在寒夜里着了些凉，一回到住处就呕吐不止。无奈之下，感动不已的张爱玲只能很抱歉地说自己刚吃了饭，而且身体很不舒服。胡适听后，叮嘱张爱玲一定要保重身体，就挂了。

这之后，张爱玲和胡适再没有见过面。不过，没有断了联系，他们时常通信，张爱玲申请到亨廷顿·哈特福基金会的作家营居住时，胡适还是担保人之一呢。

1962年，胡适在宴会演讲后突然逝世。张爱玲听此噩耗后，说他是无疾而终，有福之人，并撰写一篇情深义重的悼念文《忆胡适之》，向这位她景仰的前辈致以最深挚的怀念。

在张爱玲那段飘零的寂寞如烟花的岁月里，能逢着胡适这样慈爱、温善的老人，亦是种福分。茫茫人海、异国飘零中，他给予她的恩惠及关爱，够暖她他日岁月许久许久。

第六章

凡俗里绽放幸福

她在俗世的荒野中遇到了他，

就此而生凡俗幸福的心——在对的时间，遇见对的人。

如是，不管不顾，

要了这“对的缘分”。

她虽“正大仙容”“传奇艳绝”，

但是亦吃五谷杂粮，

所以，她就是要这凡俗的幸福。

潋滟的心，由此亦为这凡俗的幸福绽放。

她之艳绝，岁月潋滟

（一）

岁月轰隆隆地划过，张爱玲在时间的流逝中，清晰地看到了自己的拮据。又因她没有工作，在美国的日子，便有了坐吃山空的趋势。

而救世军办的女子宿舍，更不是个长住之处。

张爱玲有了一种一叶落而知天下秋的“惘惘的威胁”。

如是，她不得不为接下来的生活做一个新的打算。

彼时，在美国有一种叫作“文艺营”的地方，免费为一些有才华的艺术家提供住宿，好让创作者可以无后顾之忧地进行创作。

出于可以继续写作的想法，张爱玲于1956年2月13日向位于新罕布什尔州的麦克道威尔文艺营提出了申请。

她发出的援助申请很快得到了答复——文艺营表示愿意接纳她。

1956年3月中旬，张爱玲坐上了从纽约到波士顿的火车，又转乘巴士抵达新罕布什尔州，最后到达目的地彼得堡镇。她如同一叶孤舟，慢慢地漂着，让人心疼。

那日，她经历一番颠沛之后，终于在暮色四合时抵达麦克道威尔文艺营。当看着从文艺营窗子里流泻出来的柔和灯光时，张爱玲心里有了一种久违的暖意，仿佛看到了爱丁顿公寓里她和姑姑住的房间里的灯光一般，有种“似曾相识燕归来”的错觉。

这座位于彼得堡镇的文艺营，是个漂亮的典型的欧洲庄园，由几十所独立的艺术家工作室、图书馆、宿舍及用来社交的大厅组成，煞是宏大。这里远离尘嚣，十分适合创作。

创建人是一位作曲家的遗孀。这个好心的善良的女子，使得世界上许多飘零的如张爱玲般的艺术家有了暂时的安身之地，真是令人对其敬重又景仰。

张爱玲的工作室，是一间木屋，简洁而不失温馨。走进去，一盆燃烧的炉火给张爱玲带来了心灵的安宁。她为自己沏了一杯咖啡，倦懒地坐下，筹划着她的写作计划：她计划写一本名叫《粉泪》（*Pink Tears*）的英文小说，就是后来的那本《怨女》。

《怨女》实际上就是张爱玲当年风靡上海滩的《金锁记》的拓展本。曾经，《金锁记》将张爱玲推上一个巅峰的高度。而今，她将这个故事原型拓展成英文本，是有着极大的信心的。

可是，事实证明，离开了上海那片沃土，她再也没能创造出高于上海时成就的作品。

还好，这次命运之神待她不薄。她来到这个文艺营，遇到了她的对的缘分。

（二）

麦克道威尔文艺营，有着固定的作息时间。

艺术家们每天早上在一起共进早餐，再回到各自的工作室专心创作。午餐则由专人送到他们工作室的门口。下午4点之后，则是自由活动的时间，艺术家们往往会聚在一起谈天说地，好生热闹。

张爱玲喜静，聚会聊天的事，她甚少参加。她总是独自在木屋的轩窗下静静地写作，累了，抬头看看窗外寂静而空明的山林及自由欢快游走的动物，再继续写作。

然而，她之艳绝，注定她之岁月潋滟。

——她遇到赖雅，那个她生命里的第三个男子。

那是3月的事情，张爱玲和一个叫赖雅的男子在自由活动期间相识。

初初，他们没有说什么话，只是彼此致意了下，然而，彼此的心中却留下了深刻的印象。这就是注定的缘分吧——“龙华会上巧得见，金风玉露一相逢”。

赖雅，是何人呢？能让艳绝的张爱玲为之心动。

赖雅，德国移民后裔，年轻时被视为文学天才，个性洒脱，知识渊博，处事豪放，结过一次婚，有一个女儿。不过，生性豪放自由的他不善经营婚姻，之后离婚收场。从此，他的生活趋于一种散漫随性的状态，周游列国，以卖文为生。

赖雅极具文学天赋，曾经为世界各大报刊写稿，也为好莱坞写电影剧本。天生喜欢交友，并乐善好施、仗义疏财，和许多世界著名文学大师是朋友，譬如，庞德、乔伊斯、康拉德……与德国剧作家布莱希特交往，更展现出他的性情和才情。曾经，布莱希特因为反对纳粹政权被迫流亡到美国，赖雅便慷慨地在经济上给他以资助，其间，他们还一起合写了两个反响很好的电影剧本。然而，后来当布莱希特声名鹊起后，却对赖雅变得极度冷漠。赖雅豁达，并不以为意，还照样积极地向别人推荐他的作品。

赖雅结过婚。前妻是一位女权主义者，两人有一个女儿叫霏丝。两人都太热衷于社交活动，由此冷落了家庭，结局是好聚好散。

这样的履历，配得起艳绝的张爱玲。但是，不要深究！

那时，暴风、大雪经常不期而至，他们因为惺惺相惜而温暖了彼此。

张爱玲渐渐喜欢上这位经常一身白衣白裤、颇有绅士风度的男子。她喜欢他的高谈阔论，喜欢他的风趣幽雅。于是，一颗异乡飘零的冰冷心，有了久违的暖暖温度。

而赖雅，亦被张爱玲这个神秘、优雅的东方女子深深吸引。

于是，他们开始了更深的交往。

他们经常聚在一起，谈文化、谈人生、谈阅历，且越谈越投缘。张爱玲把自己的小说拿给他看，他便对她的文采赞不绝口；他则跟张爱玲讲述他这些年经历的奇闻逸事，她常常会被他逗得欢乐不已。

他们的心，随着交往的深入越贴越近。

再后来，他们走到一起。在张爱玲那个小木屋里，他们在皑皑白雪之中，相互依偎，相互取暖。生活因着这缱绻旖旎的爱情而美好无比。

张爱玲说过："爱情使人忘记时间，时间也使人忘记爱情。"

那刻，她和赖雅已然因为爱情忘记了时间，忘记了烦忧，忘记了纷乱，唯记住了爱情。

张爱玲亦说过："我一向是对于年纪大一点儿的人感到亲切，对于和自己差不多岁数的人稍微有点看不起。"

所以，不要揣测他们之间真爱几何。先前是大14岁的胡兰成，现在是大近30岁的赖雅。又如何，她因为年少时父爱太过稀薄，爱上年长的男子亦情有可原。

所以，她不管不顾地要了这份俗世里的幸福。

在对的时间遇见对的人，这样对的缘分，几世难遇，她如何能不要！

（三）

我说过，不要细究，这会是段"佳偶天成"的好姻缘。

可是，一旦细究，凡爱惜张爱玲的人，心中都会有些许凄凉感。

她和他相遇时，她36岁，风华正茂。而他65岁，已是个风烛残年的老人。

赖雅，虽文采斐然，却无论如何都不能将自己的文学演绎到一个登峰造极的境界。相反，随着年龄的增长，他的身体和才华，经济和运数都在走下坡路。另外，他摔断过腿，又几度中风。

赖雅性格豪爽，对金钱毫不在乎，张爱玲则性格内向，对钱财喜欢斤斤计较。这样的赖雅，无论从年龄、经济、健康各方面的状况，都无法给张爱玲一份真正的安稳。要知道，她是多么希冀乱世之中，能有一个“岁月静好，现世安稳”的生活。

可是，任我们后世人有千般万般的疑问，也阻止不了那时他们相爱的既成事实。

那年的5月，他们开始了正式恋爱。

本来，赖雅到麦克道威尔文艺营，是希望暂时的安定给自己一个可以重振文学雄风的机会。却未曾料到，在这里幸运地遇到传奇艳绝的才女子张爱玲。这真是上苍对他的无比恩赐。要知道，这之后，张爱玲的陪伴，让他免去一个困顿、潦倒、孤独的晚年，而得以度过一个安详、平和、舒心的晚年。

可是，我们不懂，张爱玲为何要将一个依然美丽高贵的身，许给他这样一个穷病潦倒的老头呢？！究竟，他身上有着怎样的魅力让她沉迷，以至于被征服呢！

我想，应还是那份懂得吧！

张爱玲说过：“我们很接近，一句话还没说完，已经觉得多余。”因为彼此懂得，所以默契非常。凡尘之中，张爱玲已经历过那段刻骨铭心浪漫的爱情，而且那份爱情带来的伤还在隐隐作痛。她如何还能接受一份这样的爱情呢，不能，她已经遍体鳞伤的身心断然再不能接受。当初，她就说过，“再爱不了人”。她只要一份有着默契、亦可懂得的平凡爱情。这样，即便经历情变，她才不至于被伤得体无完肤。

她应是怕了的。

所以，她莞尔着要这平淡、真实的有着人间烟火味道的俗世里的爱情。

执子之手，与子成家

（一）

一个繁复的人，经历颇多后，是愿意回复到本真的简洁静谧的生活状态中的。

譬如，张爱玲。

那段轰轰烈烈、如繁花的爱情，她已经将之隐为暗里的影，再不愿清楚地辨认。如今，她只愿清简地度日，要简洁的感情，简单的依偎。

本来和赖雅因为投缘、默契，而谈起恋爱，是为了获得一份简洁的感情及一份简单的依偎而已，并没做其他更深入的打算。比如说，结婚。因为几经飘零，她已心无繁花，做不得为谁洗衣煲汤的打算；而赖雅自从离婚后，一直四海为家地漂着，亦没想过要为某个女人停留。

所以赖雅直到在文艺营的限期到了的时候，他们彼此都没给对方任何承诺。

分开后，赖雅转去纽约北部一个叫耶多文艺营的地方，继续他的浪子生活；而张爱玲则留在麦克道威尔文艺营，继续着她的创作。

这段淡的爱恋，分离了，亦不见旖旎浓稠。

事实上，他们原本都以为这次分别，再相见已无分，只记得曾经温暖过彼此罢了。可是，谁知冥冥中早有安排，在流水光阴里，他们注定要走在一起。而这份注定中的牵系，来自一个腹中的小生命。

赖雅走后，张爱玲惊奇地发现自己怀孕了。于是，在7月的某一天，她给赖雅写信告诉他自己怀上了他的孩子。接到信的赖雅，惊讶万分，但他是个负责任的男子，片刻，他开始仔细地考虑与张爱玲的未来。他是那么喜欢张爱玲这个美好可爱的女子，于是，最后他决定向她求婚。当下，他就写了一封充满激情的求爱信，寄了过去。

为了爱情，张爱玲再次收拾行囊踏上奔赴一个男人的征途。

只是，这次不同。她不再忧心忡忡，而是满怀欢喜。

那天，赖雅很早就到火车站去接张爱玲。看得出，他亦欢喜。他们一起到了旅馆，安顿好，赖雅正式向张爱玲求婚。不过，张爱玲欣喜之外，心底还生出一份大的失落。原因是赖雅提出的一个要求，他要求张爱玲将那个孩子打掉。张爱玲那时已经36岁，这可能是她最后一次做母亲的机会，她自然不舍。但是，她深知自己和赖雅都是自身难保的处境，都居无定所、漂泊不定，如何能养起一个嗷嗷待哺的孩童呢。于是，虽心有失落，但还是答应了赖雅的要求。

孩子，绝不是他们结合的理由。孩子，只是一个让他们找到相结合的契机。所以，无论幸福与否，他们坚定地结婚了。

1956年8月，张爱玲和赖雅在纽约举行了简单的婚礼。彼时，张爱玲36岁，赖雅65岁。而好友炎樱，依然是证婚人。

婚礼结束后，他们一起携手游遍了纽约城，度过了一个非常浪漫温馨的蜜月。

张爱玲写信将自己结婚的事告诉了在伦敦的母亲黄逸梵。黄逸梵得知消息后，很是高兴。她虽然甚觉年长女儿近30岁的赖雅配不上女儿，但是，在那霍霍的乱世里，张爱玲能有一个依靠总是好的，不至于落到一种孤苦伶仃的地步。

虽然，这次婚姻无论从时间、事件上来看，都是单调而枯燥的，全然没有第一次婚姻的浪漫和激情。可是，于张爱玲而言，却至为心满意足。“死生契阔，与子相悦，执子之手，与子偕老。”这是她爱的句子。那个给她一纸婚约，许她岁月静好、现世安稳，带给她激情与浪漫的男子，因为薄情、博爱而给不了她安稳生活。可是，真诚良善、热情豁达、有涵养、有智慧的赖雅给了她，虽然他亦是浪子，但是他有着男子的担当，如此足够！

炎凉世态，坐看云起，与子相悦，执子之手，多么美好！

（二）

婚后两个月，回到麦克道威尔文艺营的赖雅再次中风，并且接近死亡。直到第二年年初，才渐渐转好。

这段时间里，张爱玲一直陪在他身边悉心地照料他。后来，好起来的他，却江郎才尽，再写不出什么惊世的大作。事实证明，在他们相伴的10年光阴里，反而他越来越依赖张爱玲。两个居无定所的人，仅靠着她一个人卖文为生，其窘迫情境可想而知。

可是，张爱玲的心里不苦，否则她不会10年相伴始终。或许，能有一个人可以与之“执子之手”，她便自潋滟了，不管形式如何。你辨得到也好，辨不到也好。

由此看来，她是一个多么情意深重的人。

曾经，对那个“清酒一盏，月色昏沉中‘对人如对花，虽日日相见，亦竟是新相知’的情场纵横的高手”胡兰成如是。如今，对老朽的、风烛残年的赖雅亦如是。

“也许每一个男子全都有过这样的两个女人。娶了红玫瑰，久而久之，红的变了墙上的一抹蚊子血，白的还是‘床前明月光’；娶了白玫瑰，白的便是衣服上的一粒饭黏子，红的却是心口上的一颗‘朱砂痣’。”

在我看来，胡兰成和赖雅，便是她生命中这样的两个男人。只不过，她不善变，爱了就死心塌地。所以，他们一个是她的“朱砂痣”，一个是她的“床前明月光”，皆是她真诚爱过的。

从初相逢那刻起，胡兰成就成了她心口的朱砂痣，使她在被他烙印上的那刻，从尘埃里开出花来。也是，他的儒雅、风度翩翩、博学敏思与多情，如同流泻在心口的一股温泉，在寂冷中激情喷发，使她的情感一泻千里。她当真至爱他，且爱到失了灵性，独自萎谢。可是，她从未懊悔过，因为他带给她的快乐无以用言语来衡量，他温暖过她的心底，暗伤亦无以一一言说。所以，暮暮朝朝，绽放、凋谢，结局如何不重要，重要的是经历过，深爱过。

赖雅呢？是她的“床前明月光”。他用他的净白、皎洁，给了她那萎谢的身心以再次绽放的养分。于是，张爱玲便决定用余生好好爱这个善良的男人。也许，此后经年里不会再有倾城之作，但是她亦不悔。俗世里相携相扶，陪伴到老，足够！

只要，他是那个可以和她“执子之手”，相伴到老的人，夫复何求？再无可求。

“死生契阔，与子相悦，执子之手，与子偕老”，是她念念不忘一辈子的苍凉誓言。

还好，赖雅虽拖累了她10年好时光，却算是还了她这个“执子之手”的愿。

（三）

那天，看到“幸福到底是什么？”的话，感触至深。

——幸福到底是什么？是蓦然回首，那人已在灯火阑珊处；是寻常巷陌，转角处不期而遇的相逢；是征程万里，从时光渡口的风雨中归来。这看似简单的企盼，却总是要经过万水千山，方能圆满。世事叵测，朝暮无常，只是我们都应该相信，有一天会殊途同归。

遂想到张爱玲和赖雅。

他们本是走在两条路径上的人，因缘巧合，厮守在了一起。

会幸福吗？

我不加妄断，亦不敢加妄断。因为幸福与否，只有当事人最知，外人看得再真切，亦无法体味其间的冷暖。

那么，就看张爱玲怎么说的吧。

张爱玲对赖雅的评价很少，还是那么一句：“他是粗线条的人，爱交朋友，不像我。但是我们很接近，一句话还没有说完，已经觉得多余。”其实也无须多言，相知相交，能默契到这个地步，亦是让人心生欢喜。

再看，赖雅确也对张爱玲好，琐事不用她经心，把她照顾得很周全。这让张爱玲感觉到前所未有的安全感，平平淡淡才是真。和赖雅之间的婚姻，才更像婚姻，平实坚定，可一步步挨过红尘岁月。他们之间，感情亦深，只是将激情退居次位。

经历过那个人世荡子胡兰成给的那种醉生梦死的欢欣喜悦后，她再不想拥有。因为他给了她浪漫，给了她激情，给了她欲仙欲死，却不肯给她“岁月静好，现世安稳”，便一切皆徒劳。她毕竟是俗世里的一枚尘人，纵然有“正大仙容”的貌、天上才有的气质，可她依然是吃五谷杂粮的俗子，她要俗世里平淡平凡的小幸福。因此，那过往任再好若柳色皓雪，终也在时光的洪流中败成了碧云天下的黄叶地。

其实，赖雅也是有浪漫心怀的。只是，他没有胡兰成那般酸楚的表达，所以，只含蓄地用他男子的胸怀承担下来的方式表达着。在美国马里兰州图书馆，至今还留存着他记录和张爱玲生活细节的日记。那日记数量之多，让人震惊之余感慨不已。

得一男子，如此对待，是女子皆会开心，从而幸福。

我不知张爱玲知道此事时，心境如何。但是，我得知时是为张爱玲感到幸福的。

不过，这只是我的独断而已。“幸福”二字，由来难以给予标准。

作家亦舒曾为张爱玲发出这样的感慨：“不管张爱玲本人的心思怎样，勿理她是不是当时年少无知，反正如果她选的是一个原子物理学家，绝不会有今天这种事。说的真是实话，此刻只觉得张爱玲文章写得再好，心地再宽清磊落，她的幸福也绝不是中国或全世界女人传统的幸福。”

那么，传统的幸福，就是真正的幸福吗？我不知，亦舒概念里的幸福到底是什么样的，反正俗世生活中能过得温暖、平和、真实，就是一种幸福。比如，在张爱玲的眼里，和赖雅结婚就是幸福的。

曾经，张爱玲深知俗世里多得是卑微、麻木、算计、背叛，因此她不由得将这少有的、仅有的温暖、平和、真实，视为一种幸福。

所以，她至为珍惜这次的执子之手。虽然，多数人很难将高大清瘦的她与柔情蜜意、卿卿我我联系在一起，但是，我依然看见岁月的荒野里那个为了赖雅而奔波的充满情意的张爱玲。

她用实际行动扎扎实实地为世人展现了一个“执子之手”不离不弃的人的好榜样。

羁绊有哀，相伴有暖

（一）

我们有句俗语："贫贱夫妻百事哀。"

张爱玲和赖雅这对飘零的夫妇，在相伴的11年里，真真是应了这句话。

也许，这是张爱玲命中的劫——要了心之潋滟，便要受体肤之罪。

她自和赖雅结婚后，所有的时间除了努力写作挣钱外，就是照顾年老多病的赖雅。

看她这段经历，我心底充满了悲哀，直哀叹这"贫贱夫妻百事哀"中的哀痛太过见性命，太过毫不留情。

可是，这是她的选择。我们只有沿着她的过往，心疼她走的每一步。

那时的张爱玲虽沉浸在新婚的幸福中，但是她的写作事业却不顺。她的几部新小说投稿之后，一直杳无音信。那本她寄予厚望的《粉泪》，竟也无人问津。张爱玲有些承受不了这样的结果，为此她伤心地病倒了，好几天都卧床起不来。

没有作品发表，对于她这个靠文字卖钱为生的人而言，是致命的，这将意味着她没有任何经济收入。而丈夫赖雅，更是无法指望。

早年前，赖雅虽富有，但是在他的挥金如土下，如今已是落魄，加上身体不好，他已无力在写作上寄予身心了。

生活随即陷入一个窘迫至极的境地。常常，他们会为夜宿何处悲哀，为一顿饭钱发愁。唯一可安慰的，也就是彼此在一起了。可是，精神食粮怎也不是可果腹的物质食粮，没有面包的爱情，再真挚也让人辛酸。

后来，幸亏哥伦比亚广播公司要把之前的作品改编为电视剧，张爱玲因此获得了1440美元的报酬，解了燃眉之急。可是，她伤心极了，她获得报酬的背后是作品被改编得面目全非。要知道，她如同爱生命般爱惜自己的作品。

伤心要短暂，生活得继续。用这笔稿酬，他们租下了一处带家具的公寓，虽然租金有些贵，但是可以拥有一个像模像样的家。有了这样一个临时的家，张爱玲像个雀跃的孩子，高兴地到处去“淘宝”，但凡淘回物美价廉的物什，总会乐上半天。

这样的生活，倒见了些温馨、平静的痕迹。

1957年8月，张爱玲收到母亲病危的电报。然而，迫于生计，她没能买张飞往英国的机票去看望母亲最后一眼。倒是母亲去世后，将一个装满古董的箱子留给了张爱玲。这是母亲留给她的唯一遗物，可是，为了贴补家用，不得已她还是将其中的一些物品变卖了。

不是她不念情，而是生活太残酷。

后来，写作事业的一直失意使张爱玲决定回到大城市，因为大城市的成名机遇要比小城市多太多。于是，在1958年，他们向赖雅待过的南加州的亨廷顿·哈特福基金会文艺营发出了申请。很快，他们得到了批准的答复。

在亨廷顿·哈特福基金会文艺营居住了6个月后，他们于1959年2月搬到了旧金山。在旧金山，他们租住了一个房间，过起了一段稍安定的生活。

1960年7月，张爱玲正式获得了美国公民的身份。自此，她的生命和生活彻底在美国扎下了根。只是，写作事业一直不见起色，这让她的生活亦经久看不到闲适的光明。

（二）

在香港待了3年的张爱玲，很欣慰结识了宋淇夫妇。

事实上，这种欣慰一直隐随着她在美国的飘零岁月。

她在美国因为写作上的诸多不顺而使生活陷入困顿时，时任中国香港电懋影业公司制片人的宋淇在知道她的困难后，帮她想出了一个渡过难关的办法——为电影公司写剧本。

于是，从1956年起，张爱玲为电影公司写了诸如《情场如战场》《人财两得》《六月新娘》《桃花运》《小儿女》《南北喜相逢》等喜剧剧本。本来，张爱玲在写《太太万岁》时，就积累了很好的写喜剧电影的经验，所以写来很轻松。剧本搬成影片，亦很受欢迎，票房成绩也很不错。

不过，这些对张爱玲而言不重要，重要的是报酬。

在宋淇的帮助下，她的稿酬达到了每篇800美元到1000美元。这笔不小的收入，确实为她大大地解决了美国的窘境问题，并且有那么很长的一段时间里她都是靠着这份收入来维持生计的。

然而，在美国的写作前景却越来越迷茫，越来越看不到方向。她觉得不能再这样坐等光阴消磨下去了。此时，宋淇所在的影业公司恰好约她到香港写剧本，而她亦想为自己正在创作的新小说《少帅》搜集材料，因此，希望借着这次机会回国到台湾和香港做一次远行，以此来寻找一些灵感。再者，或许还能在经济上有所收益。

于是，她将这个打算告诉了赖雅。此际，赖雅正病体支离，无以自立。所以，当张爱玲对他说时，他是坚决反对的。他是担心，张爱玲想借口离开自己，再也不回来了。尽管后来他同意了，尽管张爱玲给他留下了一笔钱，还将他托付给他的女儿霏丝，他还是暗生了一种被抛弃的绝望。

这时，他们结婚已经5年了。

1961年，张爱玲来到台湾。这个陌生的岛屿，让她感受到久违的温暖。

来接机的是她之前在香港新闻处工作的上司麦卡锡，当时他正任台北美国新闻处处长。他将张爱玲接到自己的别墅住下，另外，他还为她安排了一个特殊的见面会。他在台北戏院对面的大东园酒楼设宴，举办了一场特殊的文艺沙龙。当时台湾大学的几个热血文学青年办了一份《现代文学》，这几个文学青年就是后来在台湾文学界赫赫有名的白先勇、王文兴、欧阳子、陈若曦等人。麦卡锡很欣赏他们，又知道他们很喜欢张爱玲，于是，便特意安排了这次见面。

大家谁都没见过张爱玲，于是，在她来到之前，纷纷猜测着她的长相。陈若曦问白先勇："你想她是胖还是瘦？"白先勇不假思索地回道："她准是又细又瘦。"一位胖太太听了接过话来："我问过麦卡锡先生，他说张爱玲很胖很邋遢。"大家听了正失望呢，一抬头看到一个清瘦孤绝、气质超然的女子进来了。只见她皮肤白皙、身材苗条、打扮时髦，一身素净的旗袍，将她衬托得极为年轻。

大家同时怔住了，惊着一张嘴，心底嘀咕着："这，准是张爱玲。"

也是，世间有哪个女子还能若张爱玲般清雅素绝。她的美，在于韵味，而她的韵味则是无人可取代的。纵然世间佳丽千万又如何，饶是没有一个似张爱玲这般韵味盎然。

怪不得陈若曦在《张爱玲一瞥》中言说："浑身焕发着一种特殊的神采，一种遥远的又熟悉的韵味，大概就是30年代所特有的吧……"

而白先勇的回忆则是：她语调很轻，很慢，她甚至有些敏感、羞涩。

在来台湾之前，张爱玲读过一些台湾青年作家的小说，其中有王祯和的《鬼・北风・人》。她对这篇小说里写到的台湾风土人情很感兴趣，于是，她跟在座的王祯和谈得很投机。她对王祯和说："看过你的《鬼・北风・人》，真喜欢你写的老房子，读的时候感觉好像自己住在里边一样。"

王祯和听后，便邀请她去他花莲的老家住上几日，去体验一下那种老房子。张爱玲欣然答应。

王祯和请了一个星期的假，陪着张爱玲在花莲到处参观。他们在花莲的大街小巷穿梭游览，张爱玲像个刻苦的学生，一路观察、一路品味、一路记录。他们甚至还去看了花莲的妓女。张爱玲对她们的生活很是好奇，而妓女们从未见过如此时髦的女子，亦对她很好奇。如是，她们成了彼此的风景，都饶有兴味地观察着对方。

他们还一起去了花莲最古老的城隍庙。看着城隍庙里的白瓷砖，张爱玲竟觉得像浴室。后来，他们还在一天夜里观看了阿美人的丰年祭。舞蹈场面之壮观，原始生命力之惊艳，让张爱玲皆记忆深刻。

花莲之游，让张爱玲暂时忘却了几年来的羁绊生涯。

于王祯和而言，这次花莲之旅毕生难忘，他曾经说："她那时的模样年轻，人又轻盈，在外人眼里，我们倒像一对小情人。在花莲人眼里，她是'时髦女孩'。因此我们走到哪里，都特别引人注意。我那时刚读大二上学期，邻居这样看，自己好像已经是个'小大人'，第一次有'女朋友'的感觉，喜滋滋的。"

这次分别之后，他们之间一直有信件往来。

不过，数年后，王祯和去美国，想要见张爱玲一面，却被她拒绝了。也许，那时离群索居、闭门谢客的张爱玲，不愿再和过去的人和事有任何交集了。她只想过最最平淡无人打扰的宁静生活。

这次台湾之行，本来至为明丽欢愉。但是，赖雅中风的消息打扰了她的这份美好心情。

她原本打算从花莲到台东、屏东，参观当地独特的矮人祭，后到高雄，再回台北。可是，当她来到台东时，当地火车站的站长转告她，接到麦卡锡的电话，说赖雅中风了，请她马上回台北。

听到消息后，她想立刻飞回美国，可是思量一番，还是放弃了。只因，她身上的钱已经不够返回美国的几次转机的费用。已经快到山穷水尽的地步了，即使她找朋友借到回去的钱也是徒劳，只增许多的伤悲。

而她这次回国的目的，是寻找机遇。如今，刚到台北，还无甚收获，就要打道回府，她有些不甘，决定转机到香港找宋淇，希望能在他工作的影业公司获得一些合作的机会。

于是，她于无奈中割舍掉对赖雅的挂念，转机去了香港。

她这样的决定，不仅为了自己，亦是为了赖雅。

（三）

再度踏上香港这片土地，张爱玲百感交集。

曾经，这里留有她青涩纯净的身影，亦留有她郁郁不得志的身影。这次，再度重回，她不知道这座城将给她怎样一个留念。好的，坏的，她不得而知。

她多么希望，这座城能够给她带来一缕温暖的阳光，好温暖此刻黯然心冷的她。

接待张爱玲的是老朋友宋淇，他向她转达了公司请她创作《红楼梦》剧本的意愿。表示一切顺利的话，张爱玲可以获得2000美元的稿酬。这对那时的张爱玲而言，无疑是一笔至为心动的数目，再加上《红楼梦》本是她此生的最爱，于是，她满心地答应了。

她在宋淇家附近租了一个小房间，每天从上午10点工作到第二天凌晨1点，却不觉得辛苦，因为她要为生命中需要照料的丈夫挣得那笔不菲的稿酬。然而，人毕竟不是铁打的，很快病痛就找到了她。她本来就近视，如此超负荷的工作使她的眼睛得了溃疡，时常出血，必须找医生打针；长时间地坐着写东西，使她的双腿开始浮肿，一走路就疼。本来她想去买一双大一点、软一点的鞋子，可是没有钱，只能放弃。

即便如此辛苦，她还是不断地写信给赖雅，安慰他。他还是对张爱玲的决绝离开有着怨气，虽然他明白她这般做纯粹是为了生存。但是，他一想到她可能不回来了，就心生怨怪。因为，他决然没有一丝把握她能再回来。

尽管他此时在女儿家附近已找到甚为满意的公寓，并安定了下来，但是，张爱玲仍是他余生里的唯一依靠。

张爱玲顾不了那么多，为了活下去必须这样做。于是，她唯有不断地写信安慰他。并且，在她心里，她亦深深挂念他、思念着他。

事实上，她之所以这般拼命地写这个剧本，也全都是为了她和赖雅之后的生活好过些。

经过千辛万苦，张爱玲总算将《红楼梦》的剧本写完。可是，当她将剧本交给宋淇时，他却说自己还做不了主，要给公司的上级看后才能定稿。张爱玲无奈，只能等待。然而，等待的日子最为煎熬、漫长，而且还渐现了窘境。宋淇看到眼里，为了缓解她的难处，他安排了另外一个剧本给她，可以得到800美元的稿酬。

张爱玲算了下，这笔稿酬可以支撑她和赖雅度过4个月的日子，于是欣然答应了。

只是，她的逗留遭到赖雅的误会，他以为她在逃避。张爱玲很委屈，于是给他写了一封信，字句间，尽见她这几个月历经的辛苦。

不知，看到这封信的赖雅会做何感想，是否会心疼张爱玲。

不过，我写到这里，彻底对这个老头产生了无比恶心的反感。他这样贪婪的、无度的需求，让我替张爱玲心寒，终也明白为何夏志清先生会认为赖雅是个自私专横的男人，实在有负于张爱玲。

有人说过："女人再是八面玲珑、春风得意，如若逢不上个真正体己的男子，一生便要遗憾收场。"

她为了生活，为了他，已经将自己轻贱如蝼蚁，而他还在埋怨、无端猜疑着。

真真是屋漏偏逢连夜雨，新的剧本写完，却没有通过。而《红楼梦》剧本的审核结果自始至终都没有任何消息。原来，电影公司对这个剧本有最后决策权的两个人根本没读过《红楼梦》原著，并且，他们还希望将其拍成一部俗套的言情戏，来赚取票房。

张爱玲知道后，觉得这是对《红楼梦》的亵渎，因此拒绝修改。这个事情，就这样僵着了。

她绝望了，在山穷水尽之时绝望了。她这次香港之行亦成泡影，无所收获。她决定回去，可是她已几近身无分文，不得已只能向老朋友宋淇夫妇借钱。不知是出于借钱，还是出于什么缘故，她在给赖雅的信中写道："他们不再是我的朋友了。"

我想，之所以这般怨恨，也许是在香港的这段日子太过煎熬和忍辱，几个月的辛苦劳作，换来的是一无所有。她的心情糟糕透顶，再加上后来还要向宋淇借钱回美国。本来写剧本是因宋淇，而无所获也间接因了宋淇，末了，会迁怒于宋淇也是可以理解的。

所幸，这只是一时的气话。后来回到美国的张爱玲，仍然和宋淇夫妇保持联系。她一生言爱不多，朋友亦少，能让她与之交心的数来数去也就炎樱和宋淇夫妇了。

后来，她亦在生命走入尾声的时候，将所有的遗产都留给了宋淇夫妇。由此可见，宋淇夫妇在张爱玲心目中地位之重要了。

（四）

1962年3月，张爱玲带着一颗疲倦的心，带着委屈及怨恨离开了香港。

赖雅得知这个消息之后，高兴得不能自已。他在日记里，认真地记下“1962年3月6日是张爱玲离港之日”。之前，张爱玲跟他说回美的日期是3月18日，但是在3月17日那天，他就迫不及待地去了一趟机场，眼巴巴地等在那里，足足等了一整天，仿佛这般等着，张爱玲就会提前回到他的身边。

张爱玲离开的这段日子，于他而言至为煎熬。他年纪渐长，已经越来越依赖张爱玲，甚而一天都不愿她离开。张爱玲在台湾和香港的那些日子，他就不断地给她写信，诉说自己的病情及日常生活。他是要在张爱玲那里博得更多的同情，以此使她快点回到他的身边。

那日有大风，天亦寒冷。可是，赖雅还是一早就让女儿霏丝陪他来到机场。所以，张爱玲一下飞机就看到了阔别数日的赖雅。他显得更为苍老，亦多了蹒跚之态。不过，他的兴奋溢于言表。他兴奋地告诉张爱玲，他又换了个新房子，离女儿霏丝家很近，是一个在第6街105号的叫作“皇家庭院”的公寓。望着这样的赖雅，张爱玲心里有了心疼及酸楚，亦有一种回家的温暖归宿感。

别的城，都是他城；有赖雅的城，才是她的城。

后来，张爱玲发现新家最大的好处是离国会图书馆很近，这为他们写作提供了很大的方便。赖雅在图书馆申请了一个座位，张爱玲也申请了一个。之后，她常常到图书馆查找《少帅》所需的资料。

这时的赖雅，或许因为老了的缘故，越来越享受天伦之乐带来的幸福感。经常，他会去女儿霏丝家吃饭、聊天，与孙辈们嬉戏、下棋、看棒球。快乐之余，他还希望张爱玲也跟着他一起去霏丝家。曾经，霏丝也多次邀请张爱玲。但是，张爱玲总是以各种理由推辞了，一方面，她本不喜应酬；另一方面，她对后母这个身份有芥蒂。还有，她和霏丝年龄相当，却是霏丝名义上的母亲，这让她颇感尴尬。由此，她干脆避而不见。

生活若是就这般稀松平常地过下去，亦是好的。

可就是有这样或那样的不尽如人意的残酷的事情发生。

就在她回到美国之后不久，她一直合作的影业公司的老板陆运涛因飞机失事丧生。公司即刻面临分离瓦解，不仅那本《红楼梦》的电影剧本没了下文，一直帮助她的宋淇也离开了公司。而这时，张爱玲已然成为家里的顶梁柱，他们的日常开销基本上都是依靠她写剧本所得的稿酬维持。如此，她的困境就又显露出来了。

但是，她不想给身体状况越来越不好的赖雅增加负担，只能一个人担负起生活的重担。她决定搬离现在租金不菲的公寓，搬到了黑人区中的肯塔基院。肯塔基院，是由政府扶持的廉价公寓，租金很便宜。然而，即便这样她还是忧心忡忡，因为此时他们的生活开支，全靠赖雅每个月52美元的社会福利金来支撑。于是，她开始四处寻找挣钱的机会。

正好，这时她获悉麦卡锡回到美国，正在美国之音广播电台供职。张爱玲便向他求助。麦卡锡素来欣赏张爱玲，于是毫不犹豫地给她找了一份改编广播剧的工作，并给她开出了最高的酬金。这真真是救助了她许多。

接下来，更糟糕的事情发生了。

一天，赖雅从国会图书馆出来时，不小心在路上摔了一脚，股骨摔断，只能卧床不起。可祸不单行的是，接着他又中风了，最后完全瘫痪。如此一来，他的饮食起居都得张爱玲照料，她原本沉重的生活，变得更加沉重了。

可是，对于张爱玲这个倔强的东方女子，身体里有着刚直的性情，有着极大的担当。她虽然从未服侍过人，但她没有忘记自己是妻子的角色，尽管瘫痪在床的赖雅已经大小便失禁，她仍用足够的耐心悉心照料着他。为了方便照顾赖雅，她还特意在起居室安了一张行军床，晚上她就睡在上面。

1966年，张爱玲得到俄亥俄州迈阿密大学的邀请，邀她到大学担任驻校作家。她决定去，但是又担心赖雅无人照料。本来，她寄希望于赖雅的女儿霏丝，可是霏丝既要工作，又要照顾孩子，根本无暇细致地照顾他。而后，她又找了两个黑人女子来帮忙照料，并付给她们酬劳。然而，由于赖雅大小便失禁的缘故，她们没能很好地维持房子里的卫生。最后，不得已她还是决定自己照顾赖雅。

到了迈阿密大学不久，她就将赖雅接了过去。

后来，她离开迈阿密大学，去往哈佛大学雷德克利夫女子学院工作，依然是带着赖雅。这时的赖雅已经病入膏肓，瘦得皮包骨头，不成样子。他已感觉到自己是张爱玲的一个累赘，变得忧郁而沉默寡言。他不表现出来，可内心里他常常深深地自责。

既要写作，又要照顾赖雅，还要上班，那段日子的张爱玲真的很苦很苦。可是，她从没有过任何怨言，甚而觉得欣慰，因为丈夫还在自己身边。不过，这希冀虽微小，却也成了空。没多久，赖雅还是离她而去了。在一个寂寥无声的日子，在张爱玲一个人的陪伴下，他安静地去了天国。时年，1967年10月8日。赖雅76岁，张爱玲47岁。

没有举行葬礼，赖雅的骨灰由女儿霏丝安葬了。

也许是太过于苦的缘故，张爱玲没有为他流下一滴眼泪。11年的相伴，留给张爱玲的亦是11年的奔波劳累。然而，于她亦是真实的安慰。虽然依旧不见安稳、静好，可是，相牵相伴着风雨沧桑走过，亦是暖心的幸福。

之后，张爱玲又开始了一个人的生活。

曾经，她说：“我有时觉得，我是一座孤岛。”赖雅死去后她是身和心都成为孤岛了。

而自此后，她始终以赖雅夫人自居。

第七章

洗尽铅华，隐没于市

她说："对于30岁以后的人来说，

十年八年不过是指缝间的事。

而对于年轻人而言，

三年五年就可以是一生一世。"

如是言之凿凿。

她深知人生苦短，

绚烂过，就足够。

这以后，就要安之若素。

她后来的岁月，诚然如此——洗尽铅华，大隐隐于市。

离群索居，安之若素

（一）

赖雅走后，她的岁月趋于安之若素。

诚然，到了她这个年龄，已不再需要一个替她画眉的男子。爱情，于她已是别人演绎的“镜中花水中月”，只用来欣赏了。

她的世界，除了写作，还是写作。这是她的宿命——生来就为文字而生。

赖雅离开后，她将更多的精力都付诸写作。

她开始修改之前的一些旧作，翻译一本叫《海上花列传》的清末小说，用心地写作钟爱的《红楼梦魇》。

1969年，经由夏志清推荐，她开始转入学术研究，到加州伯克利大学中国研究中心担任高级研究员。这份工作的薪金、待遇都很好，她还受到该研究中心负责人陈世骧教授的赏识。

可是，这样仍无法遂了她的心意。

那时，学术界有着不成文的规律，进入学界，就必须建立圈内意识，必须适应应酬之事。这对向来对人情世故疏离的张爱玲来说，实在有些不易，甚至成了一种严重的心理负担。曾经，她在给刘绍铭的信中说："病倒了，但精神还可支撑赴校长为我而设的晚宴。我无法推辞，去了，结果也糟透了。我真的很容易开罪人。要是面对的是一大伙人，那更糟。这正是我害怕的，把你为我在这儿建立的友好关系一笔勾销。"

事实上，她也尽力要融入大家。她参加过陈世骧的两次家宴，也同大家一起在校园里观看过美版的《西厢记》。可是，她终究是个闲云野鹤的人，最后她还是选择一个人"寂寞"。

她越来越趋于一种"我行我素"中，从不按时上下班，竟连和她一起工作的陈少聪、刘大任、宋楚瑜都难得与她碰面。后来，陈少聪写过一篇《与张爱玲擦肩而过》的文章，描述那时张爱玲工作的情景："我和她同一办公室，在走廊尽头。开门之后，先是我的办公园地，再推开一扇门进去，里面就是她的天下了。我和她之间只隔一层薄板，呼吸、咳嗽之声相闻。她每天大约1点钟到达，推开门，朝我微微一粲，一阵烟似的溜进了里屋，整个下午再也难得见她出来。我尽量识相地按捺住自己，不去骚扰她的清静……"

他又是那般崇慕、尊敬她："深悉了她的孤僻之后，为了体恤她的心意，我又采取了一个新的对策：每天接近她到达之时刻，我便索性避开一下，暂时溜到图书室去找别人闲聊，直到确定她已经平安稳妥地进入她的孤独王国之后，才回归原位。这样做完全是为了让她能够省掉应酬我的力气。”

对于人情世故应付不来，也许是不愿应酬。可是，对于这份研究工作，她亦是应付不来的。或许，她根本就不愿将精力付诸这上面，她吭哧吭哧一个个码出的字就不是用在这学术研究上的，而是她的那些灿烂如花的文章中。那时，她将这种心态写于给夏志清的诉苦信中。

基于得不到认可，再基于对学院生活的不适应，张爱玲在研究期限到了之后，就离开了加州伯克利大学。

此后，她便开始了一种离群索居、趋于安之若素的生活。

（二）

离开加州伯克利大学，张爱玲在加州的生活，很是安稳。

每天写写字，没有约束，也没有人打扰她的生活，很适合她的性情。另外，她的作品已经在皇冠出版社出版，这给她带来不菲的稿费，并能够让她有一种充足安详、自我的宁静。

事实上，此时在大洋彼岸的中文世界里，早已掀起了一波又一波的“张爱玲热”。

据说，早在20世纪50年代，因为她的书很受欢迎，在香港市场上就出现了假冒她名字出版的小说。其中《笑声泪痕》（又名《恋之悲歌》）、《秋恋》，卖得最好。不过，却写得非常烂。之所以能卖那么火，全凭着署名“张爱玲”三个字。

关于这件事，张爱玲一早就听说了，或许是懒得管，她没有站出来解释。直到有一天，一个朋友给她寄了本《笑声泪痕》，她看完后觉得写得实在是太糟糕了。这才在一篇文章的末尾特意提醒读者不要去买这些书。

可见，张爱玲当时受欢迎的程度。

到了20世纪60年代，张爱玲在台湾的名气越来越大。不过，事出亦有因。这个功劳者归因于著名言情小说家琼瑶的丈夫平鑫涛先生，也就是台北皇冠出版社的老板。说起来，平鑫涛跟张爱玲还有一段很特殊的缘分——平鑫涛的堂叔平襟亚早年在上海从事出版工作，时年《万象》杂志就是由他来发行的。当初，张爱玲的巅峰之作《传奇》差一点儿就交给他的书店出版印刷了。

堂叔没能出版张爱玲的书籍，倒是侄子弥补了这份遗憾，由此看，他们之间的缘分亦颇深。

这缘分，于张爱玲是幸运的。因为，就是这个叫平鑫涛的出版人给予她一个崭新的生活状态。在她人生的最后几十年里，她亦靠着将作品发表在皇冠获得稿酬过得安详宁静，而没有了朝不保夕的不安定感。

说起他们的合作，还得追溯到1966年。那时，由于夏志清文章的影响，使得张爱玲的名气在台湾读者中掀起了一波热潮。彼时，平鑫涛和琼瑶也加入到喜欢张爱玲作品的行列。

某一日，平鑫涛去宋淇家做客，当听到宋淇和张爱玲很熟识时，他惊喜之余说可以为她出版作品。宋淇当然高兴，于是马上牵线联系张爱玲。张爱玲听到可以跟皇冠合作的消息，亦很惊喜。只是，那时她所有的时间都用在照料赖雅上了，没办法到台湾签合同，最后还是夏志清帮着代签的。

签约之后，《怨女》成了第一本在皇冠出版的小说。事实上，一经出版，这本小说就卖至畅销。而张爱玲这个名字，亦在《怨女》的旋律中于那座岛屿泛起了涟漪万千。接下来的几十年里，随着她的作品在皇冠的不断出版，她的名字成了一股绚丽的“热”，亦成了一个不灭的传奇。

有人说，是平鑫涛先生为张爱玲重新创作了一个传奇。

在我看来，亦是这般。

从《怨女》出版之后，皇冠就趁势扬帆接连出版了《张爱玲短篇小说集》《流言》《半生缘》等。就这样，在这些作品的铺陈下，张爱玲在台湾迅速获得了巨大声名。尽管她人在美国，却用文字赚取了当年在上海滩盛况时的稿酬。

对于这个恩人一般的平鑫涛，不善言辞亦不善交际的张爱玲还是表达了自己的感激，她借给夏志清的信写道：“我一向对出版人唯一的要求是商业道德，这些年来皇冠每半年版税虽有2000美元，有时候加倍，是我唯一的固定收入……”诚然，是皇冠给了张爱玲人生最后几十年里最稳定的收入，让她不再似过往那般为生活烦忧，从而有了一份闲隐的晚年生活。

对于张爱玲，平鑫涛先生亦是十分欣赏、尊重及珍惜的。他在关于张爱玲的回忆中说道：“张爱玲生活简朴，写来的信也是简单之至，为了不增加她的困扰，我写过去的信也都三言两语，电报一般，连客套的问候都没有，真正是‘君子之交淡如水’。为了可以快一点儿而联络上她，平日去信都是透过她住所附近一家杂货店的传真机转达。但每次都是她去店里购物才能收到传真，即使收到传真，她也不见得立刻回，中间可能相隔二三十天。我想她一定很习惯这种平淡却直接的交往方式，所以彼此才可以维持30年的友谊不变。

……

撇开写作，她的生活非常单纯，她要求保有自我的生活，选择了孤独，甚至享受孤独，不以为苦。对于声名、金钱，她也不看重……和张爱玲接触30年，虽然从没有见过面，但通信很多，每封信固然只是三言两语，但持续性的交情却令我觉得弥足珍贵……”

原谅我引用了这么一大段平鑫涛先生的话，我甚觉，若要将张爱玲洗尽铅华的状态形容得准确、恰当、贴合，我们这些没接触过她的人，断断是不能够妄加揣测的。唯有，那些与之深刻交往过，长久来往过，且了解她、理解她、珍惜她的人才可以。

而平先生，是为佳。

（三）

在那段洗尽铅华的岁月里，张爱玲写的《红楼梦魇》和《海上花》不得不说。因为，这是两部沁入她骨骼里、有着浓郁个人情结的作品，尤其是《红楼梦魇》。

《红楼梦魇》是张爱玲对《红楼梦》研究的一部样本。

对于《红楼梦》，张爱玲自小就有着迷恋的情结。当时，小小年纪的她，还经常对《红楼梦》做出惊人的点评，并且在十几岁的时候，写出了那篇戏仿《红楼梦》之作的小说《摩登红楼梦》。当年，连父亲都为此称赞不已，并特意为她的回目拟定了名字。时常，他还和张爱玲一起讨论小说中的情节。

有时候想，张爱玲之所以对《红楼梦》这般钟爱，或许跟其间隐藏着太多父女温情有关。

不管如何，《红楼梦》一直是隐随她一生的著作。细细思忖下，张爱玲的那些小说中也多能看出《红楼梦》中的某些痕迹和影响；张爱玲那些能煅烧的情致感人、灵动入骨的古典语言，亦源于《红楼梦》这部小说的影响。

可是，张爱玲对于《红楼梦》却不全然欣赏。很小的时候，她便觉得它后面的部分写得很不好，后来在香港看到脂砚斋本的批点，得知那不好的后半部分原来是高鹗续写的。于是释然。

正是出于这样的遗憾，她决定系统地研究《红楼梦》，如是便有了《红楼梦魇》。

她自1967年开始，陆续花了10年的时间对《红楼梦》进行研究。

刚写出来大纲的时候，她就迫不及待地寄给宋淇看。宋淇曾开玩笑地将之称为“红楼梦魇”，并且经常去信问她：“你的红楼梦魇做得怎么样了？”

事实上，张爱玲在研究《红楼梦》时，是考据的，亦是欢心的。曾经，她无限感慨地说：“偶遇拂逆，事无大小，只要‘详’一会儿《红楼梦》就好了。”

终于，在1977年，张爱玲将对《红楼梦》的研究成果结集成册，并以宋淇玩笑中的名字“红楼梦魇”命名。同年，该书被皇冠出版社出版。

24万字的《红楼梦魇》，由7篇文章组成。通本《红楼梦魇》考证严谨，不仅透着理性，亦透着一股子不可取代的灵性，更饱含着对伟大作品的真诚仰慕之情。

对于中国的古典小说，她始终有着一种特殊的感情，曾经，她不止一次地对外国的朋友说：“中国古典小说跟中国诗画与瓷器一样好。”不过，真能入她眼的、她认为好的小说并不多。《红楼梦》除外，吴语小说《海上花》也是其心目中为数不多的一部好的作品。

《海上花》确也是部好小说，连大文豪鲁迅先生都赞它为清代“侠邪小说”的压卷之作；而胡适先生亦称它为“吴语文学的第一部杰作”。

张爱玲从小就熟读过这部小说，喜爱非常，更被其间的辞采所深深吸引。

然而，被大家如此称誉的《海上花》却因着其写妓女的这一题材而不被大家认可，再加上通篇对白都用苏州话写成，对于许多不懂方言的读者可谓是读天书，因而其在读者中的反响就不消说了。

为此，张爱玲深深为它的遭遇鸣不平。

于是，她决定为这部小说做件事，将它译成英文。她是想由此将它推向全世界，只是，等她费尽心力将它翻译出来，却遭遇了无法出版的难题。不是她翻译得不好，而是外国读者对这种格调的小说没什么阅读欲望。如是，唯利是图的出版商便没有出版这本小说。后来，令人可惜的是，这本小说的英文译稿竟然在一次搬家的时候丢失了。

还好，张爱玲没有气馁和放弃。之后，她将这本小说翻译成“国语”，以此希望能让那些不懂吴语的中文读者读懂并欣赏。在她的不懈努力及坚持下，“国语”版的《海上花》于1981年在皇冠杂志社刊出。后来出了单行本，销路亦好。

有意思的是，张爱玲还戏仿了一个古典小说的回目明之：“张爱玲五详《红楼梦》，看官们三弃《海上花》。”

她之诙谐、幽默，亦可见这段洗尽铅华的岁月，是多么静好、安稳！

与世隔绝，心如止水

（一）

我素来喜欢这句“小隐隐于野，中隐隐于朝，大隐隐于市”，认为这是人之处世最高境界。

恰巧，我喜欢的张爱玲将她的晚年时光过得就似这般——大隐隐于市。

细考究下，发现她自1969年开始，就完全过起了离群索居的归隐生活。

那时，她的声名已再次鹊起，她的作品则深入人心，她的仰慕者更是数不胜数，每天登门拜访者亦不计其数。不过，无论谁她都谢绝接待。如是，“张爱玲”三个字成了一个十分神秘的意象符号。

不过，还是有个无比幸运的人得到了张爱玲的接待。

他是之前陪着张爱玲在花莲游玩的王祯和的同学水晶。水晶，原名杨沂，台大外文系毕业，后辗转于美国加州大学任教。在台大读书时，他就非常迷恋张爱玲的作品，毕业后，还对她进行了一段时间的研究。

1970年，他前往加州伯克利大学进修。那时，张爱玲正在这所大学的中国研究中心担任研究员。水晶知道后，迫不及待地来到张爱玲的居所求见。第一次求见，张爱玲以感冒为借口拒绝了他。过了一个星期，执着的他坚持给张爱玲打电话，终于在一个深夜与她通上了话。寒暄了几句，张爱玲要了他的电话和地址，答应先写张“便条”，再电话联系他。可是，等了一个月，水晶都没能等到张爱玲的答复。无奈，他在即将离开伯克利大学时，将所写的《试论张爱玲〈倾城之恋〉中的神话结构》寄给了张爱玲。老天眷顾如此执着的人，几天后，不再寄任何希望的水晶竟然接到了张爱玲的回信，邀请他来公寓见面。

这次见面，甚欢；聊得，亦好。

长达近7个小时的畅聊，连张爱玲自己都感慨，这样推心置腹的谈话，近10年里也就这么一次。

更让水晶一辈子难忘的，还有张爱玲送他的礼物。张爱玲从他的来信里得知他已经订婚，于是在辞别时，将一瓶8盎司重的Chanel香水赠送给了他，说是送给他的未婚妻。得以见到张爱玲，本已让水晶激动不已，如今这份额外的至为珍贵的礼物，让他一生都难以忘怀。

我想，不止我一个人艳羡水晶先生的幸运。不过，在艳羡之余，我最喜欢的还是他那些回忆见张爱玲时的文字，他用感性的、细腻的笔触，将那时节的她予以还原，真真是让我感觉如看锦绣珠玉，字字句句都见熠熠耀眼且美丽的光华。我亦如同看张爱玲的文字一般，每看都有新意。

——“她的起居室犹如雪洞一般，墙上没有一丝装饰和照片，迎面一排满地玻璃长窗。她起身拉开白纱幔，参天的法国梧桐，在路灯下，随着扶摇的新绿，耀眼而来。远处，眺望到旧金山的整幅夜景。隔着苍茫的金山湾海山，急遽变动的灯火，像《金锁记》里的句子，‘营营飞着一窠红的星，又是一窠绿的星’。”

——“她当然很瘦——这瘦很多人写过，尤其瘦的是两条胳臂，如果借用杜老的诗来形容，是‘清辉臂寒’。像是她生命中所有的力量和血液，统统流进她稿纸的格子里去了。”

……

写得真是好，读之，你会觉得张爱玲就在眼前，她去拉开白纱幔，她瘦的胳臂和她那腻嗒嗒的笑声，好像都在身边不远处。仿佛触手可及的画面，你亦可静静观赏，还可闭眼倾听。

我爱极了他这个人，或许是因为张爱玲的缘故吧！

他之后，张爱玲再也没有接受过任何人的拜访。

（二）

1973年，张爱玲定居洛杉矶。

从此，她将最后一重心门掩上，红尘世事再与她无关，她亦不再过问。她独自沉浸在那座浩大磅礴的大都市里，在孤独里归于平静。虽然，此时中国掀起一股无比疯狂的“张爱玲热”，但是其间诸多的喧闹已与她无关。她远在大洋彼岸的国度里，独自归于静好，归于安稳。

也就是在1979年，她和姑姑有了联络。

那时，姑姑终以78岁的年龄嫁给了一生都紧贴在胸口无以忘记的初恋情人李开弟。之后，姑姑几经辗转终在宋淇的帮助下，跟失联多年的张爱玲联系上。她给她写了封信，告知已与李开弟结为夫妇，以及对她的想念之情。

张爱玲看到信后，很是欣慰，为姑姑终有了属于自己的归宿而欣慰。其实，多年里，张爱玲一直坚信姑姑一定会结婚的，哪怕是到了80岁。

有情人终成眷属，是多么让人欣慰的事情呀！

之后，她们之间用书信联络，虽联系疏落，却极见情深。不过，这期间张爱玲从未想过要去看望她。直到1991年姑姑在上海去世，她都没回去。

大费周折后，弟弟张子静也联系上了她，给她去了封信。可是，不知张爱玲是疏于跟他交流，还是本就不亲密，反正最后她用一贯的冷淡方式对待了他。

想起胡兰成认为的她的无情来，认为她无情到连牵仇惹恨都不沾。可是，我亦深知，张爱玲绝不是这样的，她只是在那稀薄的爱里站太久了。无论是亲情，还是爱情，她都获得的那般稀少，如是唯觉得世界就自己一个人而已。既如此，又如何去牵仇惹恨呢。然而，我亦知，在她内心深处，她和孤傲的杜拉斯一般，对于亲情和爱有着无以名状的渴慕。只是现实里却一直失落着，握不到手心里，唯用一支倾诉的笔将对亲情的渴慕和失落，通过小说描摹出来。

所以，在她的那些小说里，我们看不到任何温情，四处可见的是皆触目惊心的荒凉，到处弥漫着不堪一击的亲情和爱。

有人说：“张爱玲之所以如此苍凉，是因为她站在了亲情的废墟上。在难以排解的忧伤中惆然着，直到中年以后将一切看透，如是开始了她的离群索居。”

她这样的人生，也许需要这“离群索居”才能救赎吧！若是让她一直沉溺在那些无以排解的忧伤之中，这人生也未免太过难挨，看了都觉荒凉。

只是，生活总无法尽如人意。

她不牵惹凡俗地过着自己的日子 却一刻都没能真正地消停过。她不停地搬家。资料显示，她从1984年至1988年，平均每个星期搬一次家。

为什么会这样呢？竟然是为了躲避跳蚤。

张爱玲说，南美种的蚤子非常顽强 小得肉眼看不见，根本就杀不净。为此，她还染上了严重的皮肤病，也为此，她不停地搬家。

那时，她给夏志清写信诉说这恼人的事：“天天上午忙搬家，下午远道上城（按：主要去看医生）。有时候回来已经过午夜，最后一段公车停驶，要叫汽车——剩下的时间只够吃睡……”

可见，她深受其害。

据说，那时的她主要居住在一种汽车旅馆里，因为环境简洁，对她来说方便。另外，为了减轻搬家的负担，她将一些身外之物尽可能地丢弃掉。渐渐地，她留下来的东西屈指可数。

时年，她的朋友庄信正先生因为十分担心她的健康，便托建筑师朋友林式同帮忙照顾。第一次，林式同并没能帮到张爱玲，因为离群索居惯了的她，不愿见任何外人。她只从门缝里让他把信放在了门口。

后来，张爱玲通过夏志清先生结识的美籍华人、哈佛研究生司马新，于辗转中为她在洛杉矶找到了一位名医，总算把张爱玲的皮肤病治好了。

1988年，张爱玲写信告诉林式同，皮肤病终于好了，可以替她找个固定的住处了。

在一家汽车旅馆里，林式同见到了于他而言至为神秘的张爱玲。他回忆说："走来一位瘦瘦高高、潇潇洒洒的女士，头上包着一幅灰色的方巾，身上罩着一件近乎灰色的宽大的灯笼衣，就这样无声无息地飘了过来。"

呵呵，真仙人气质的张爱玲呀！

在那种被跳蚤折磨的窘迫境况下，依然如此气质清丽。怪不得，数年过去了，她依然是那些小资争相模仿崇拜的偶像。

对于新住房的要求，如下：

1. 单人房（小的最好）；

2. 有浴室；

3. 有冰箱（没有也可）；

4. 没炉灶；

5. 没家具（有也行）；

6. 房子相当新、没虫；

7. 除了海边之外，市区、郊区也行；

8. 附近要有火车。

看来，对房子里的生活设施无甚要求的她，被虫折磨坏了，也是怕了的。

林式同很快就为她找到了符合要求的住处，房东是位伊朗人。

为了免受打扰，张爱玲在新公寓的信箱上写了一个越南名字Phong，并对房东解释说，是因为许多亲戚以为她发了财，都想找她借钱。

她是要彻底地与世隔绝，离群索居了。

（三）

那段时日里，有着稳定稿费的张爱玲，不缺钱，却缺安定。

——只因她太红，太神秘，以至于遭到许多仰慕者的追寻。

尽管她那般小心翼翼地过日子，尽量不出门，偶出门尽可能地将日常所需的物品一次性购买。就连到信箱取信的次数也减少了，而且都是在夜深人静时才去取。

她是那般不想见任何人。她亦这般享受着孤独。

每天她都躲在屋子里，靠电视打发所有的时间。就是这样，她的生活还是被打扰了。

打扰她的人，叫戴文采。

这个叫戴文采的女士，来自台湾。虽然算不得职业的记者，却有着现今的狗仔队人的执着性格。不过，对于她，我是极厌恶的。在看完了她的《我的邻居张爱玲》后，更是气愤不已。

她一直很崇拜张爱玲，不仅在写作上有意地模仿张爱玲的文笔，还时常写信给她，只因一直没得到她的答复，于是不远万里来到美国，想要亲自见到张爱玲。彼时，张爱玲隔壁的房间正好空着，她赶紧租下，成了张爱玲的邻居。

因为怕被拒绝，她倒没有直接去敲张爱玲的门，而是每天仔细地聆听张爱玲房间的动静，揣摩她的起居生活。一直住下快一个月了，她才亲眼见到出来倒垃圾的张爱玲。

于是，兴奋不已的她怀着激动无比的心情写下："她真瘦，顶重略过80磅。生得长手长脚，骨架却极细窄，穿着一件白颜色衬衫，亮如洛佳水海岸的蓝裙子，女学生般把衬衫扎进裙腰里，腰上打了无数细碎褶，像只收口的软手袋。因为太瘦，衬衫肩头以及裙摆的褶线始终撑不圆，笔直线条使瘦长多了不可轻侮……我正想多看一眼，她微偏了偏身，我慌忙走开，怕惊动她……因为距离太远，始终没有看清她的眉眼，仅是如此已经十分震动，如见林黛玉从书房走出来葬花，真实到几乎极不真实。岁月攻不进张爱玲自己的氛围，甚至想起绿野仙踪……"

这段文字确也不辜负她叫文采的名，描摹间亦颇见文采。不过，若是仅从欣赏的角度来说，这般将张爱玲欣赏的话，我亦是喜欢她的。毕竟，她用她的执着，还原了一个大家都看不到的张爱玲的样子及状态。

然而，她非仅如此，她还有着极不令人尊敬的不良之心。这是后话，且看她接下来的行为。

她不甘心这么长时间的等待，只见了一面而无任何实质性的交流。

她思忖着如何能进一步走近张爱玲时，想起张爱玲丢下的垃圾，突然灵机一动。于是，她把垃圾桶里张爱玲刚刚丢下的垃圾用树枝钩了上来，继而就在那些垃圾里忘我地找着、翻着。从此后，她便通过捡拾张爱玲的垃圾作为重要资料来研究。

垃圾确实能反映出一个人日常生活中的种种细节。

这位戴小姐，最后通过张爱玲的垃圾，获得了不少关于她的生活信息：她平时吃什么、喝什么、读什么报，甚而煎鸡蛋的技术如何、吃不吃零食、存钱到哪家银行、出门都买什么东西、多久取一次信函，等等。

根据这些垃圾反映出的信息，戴小姐竟然写了那篇《我的邻居张爱玲》。我说过，她如果单纯地因为喜欢、崇拜张爱玲而写这样的文章，亦是让世人刮目相看，然而，她不是。她在写完这篇文章后，便兴高采烈地投给了台北的《联合报》副刊，副刊主编看文章涉及张爱玲的个人隐私，认为现在不是发表的时候，要等到张爱玲百年之后才能发表。可是，戴小姐迫于心切，又不甘于寂寞，于是又投给台北《中国时报》的副刊编辑季季，季季亦有同样的职业操守，于同样的原因拒绝了她。

可是，她真真是不懂得尊重别人的隐私！在两次明确遭拒后，她仍不死心。后来，不知道她用怎样的办法，使这篇稿子见诸报端。害得张爱玲在得知这件事情后，以最快的速度搬离开。

要知道，那时的张爱玲已经很老了，搬一次家对她而言多么不易。另外，为了避免再次暴露行踪，这一次除了帮她找房子的林式同知道她住址外，再没有人知道了。就是她的姑姑，她也没敢告诉。都怪那个可恨的戴小姐。可知那时姑姑是张爱玲与家庭最后的一缕血浓于水的联络。

她的猎奇，就这样深深地伤害了要过安静生活的张爱玲。

按照美国的法律，她的这种行为，是可以被起诉的。但是，张爱玲或许对此有不悦，却什么也没有做。

这便是老了的张爱玲的真吧。心如止水，悠然如古人贤士那般乘风归去，有世人艳羡的隐逸之风。

千帆过尽，皆成过往

（一）

经历了戴文采事件后，张爱玲对外界的干扰犹如惊弓之鸟。这一次，她将自己藏得更深了，跟至亲朋友更是联络甚少。

一次，弟弟张子静在报纸上看到一则关于她的消息，说女作家张爱玲已经去世云云。张子静当即伤心不已，而此时，因为张爱玲频繁搬家，又不与他有任何的联络，使他早已失去了姐姐的地址。之后，他颇费了周折，终和张爱玲联系上，才将一颗悬着的心放下。

最后时期的张爱玲，真真是“寡淡”，她不和任何人联络，一个人孤独着自己的孤独。姑姑，不联络；好友炎樱，亦不联络。

她唯一还联络的人，就是林式同了。

林式同确实是个少见的热心肠的人。尽管他是个建筑师，对文字一无所知，但是对张爱玲这位颇有倔强个性的老人，却有着莫名的崇拜和仰慕。自从接受了庄信正先生的嘱托之后，十多年里，他一直尽心地帮助着张爱玲。只要张爱玲需要，他总是毫不迟疑。他帮她找房子，帮她补办遗失证件，并把自己的住址作为张爱玲永久的地址。且他信守道义，十分仗义，从不跟任何人透露张爱玲的信息，将她的一切事情都保密着。

寡居的张爱玲，因此对他十分信任。

在她人生的十余年里，她将他视为唯一的亲人，甚而她还很喜欢跟他聊天。即便如此，张爱玲跟他的联系亦是有限的。她只有实在需要帮助的时候，才去找他。

1991年，姑姑张茂渊在上海去世。同年6月，好友炎樱也去世了。

张爱玲仿佛意识到死离自己已经不远了，于是，她在1992年2月，立下一份遗嘱。遗嘱大致内容是：将所有私人用品留给香港的宋淇夫妇；不举行任何葬礼仪式；将遗体立刻火化，不让任何人看到；骨灰撒到任何空旷的荒野。遗嘱的执行人为林式同。

当月17日，林式同收到了这封遗嘱。张爱玲也许是怕自己的这种举措会令林式同感到突兀，于是附信解释道："在书店里买表格就顺便买了张遗嘱，免得有钱剩下就会充公。"

尽管她如是解释了缘由，但是收到此遗嘱的林式同仍是感到惊讶，后来，他在《有缘得识张爱玲》里写道："一看之下我心里觉得这人真怪，好好的给我遗书干什么……遗书中提到的宋淇，我并不认识，信中也没有说明他们夫妇的联系处，仅说如果我不肯当执行人，可以让她另请他人。张爱玲不是好好的吗？我母亲比她大得多，一点儿事也没有……”

所以，林式同没有答复她。因为他觉得这是很遥远的事情。

写完这封信后，张爱玲又把自己深藏起来，亦很少和他联络。他亦不知道，张爱玲最后几年里，是怎样度过的。

看着关于他的资料，我虽未见过他的照片，亦不知他的故事和过往，但是对这个人由心底生出一份好感来。心想，所幸有他，才让晚年的张爱玲无所羁绊。

千言万语，都不消说，说了也空洞。唯用一句：“好人有好报”赠予他！

（二）

如此孤独幽居的张爱玲，亦还是和文字做伴。

她开始着手《对照记》的撰写及继续那部神秘的《小团圆》。

《对照记》是部图文并茂的作品，亦是她晚年最后一部作品，一半是文字，一半是照片。关于撰写初衷，她在书中写道：“‘三搬当一烧’，我搬家的次数太多，平时也就‘丢三落四’的，一累了精神涣散，越是怕丢的东西越是要丢。幸存的老照片就都收入全集内，借此保存。”

我依稀仿佛看见在大洋彼岸的一间干净简洁的公寓里，张爱玲孤独地整理着、对照着、回忆着。她依然静美，脸上有让人忍不住想过去怜抚一下的沧桑，可是眼睛里却透露着一种孩子气的天真。真美呀，真有风韵呀！

我是最喜欢看她这部作品，因为看着那一张张可用手触摸和感受人物内里的照片，有着真实的感觉，仿佛她就在不远处，活生生地演绎着她的故事。

素来词穷的我，最是为李碧华点破她的文字折服，她言之凿凿：“我的印象至深，是大部分张的倩影，总是仰镜，镜头自低角度往上拍摄，而她又不自觉（或自觉？）地微仰首，高瞻远瞩，睥睨人间。因为这不断出现的神情，令人有‘鹤立鸡群’之强烈感觉。一个人的小动作往往介绍了自己，也出卖了自己。即使什么也不说，却说了很多。”

《对照记》中，大篇幅的照片和文字都是祖辈们的，她解释道：“祖父母的姻缘色彩鲜明，给了我很大的满足。”诚然，晚年的她对她那个甚少言说的家世的回忆，给了她孤寂时刻最大的满足。在异国他乡，她看着那些老照片，回忆一些与她交集抑或无交集的过往，实则是一件很温馨的事情，好多时候，亦是她取得的来自亲情的一种温暖。

不过，在这些充满过往回忆的文字里，我们看不到那两个男人的身影——胡兰成和赖雅。有言毒者说：“任是张爱玲，心底究竟依然是弱的。”或许吧，那给过她激情的，亦给了她情殇的男子，始终都痛在那里，因为太过执念，亦用情；而那个给了她凡俗婚姻的，也给了她奔波的男子，则一直影在她心头，因为付诸太多，亦太难了。

不言说，也罢。反正，皆成过往。

千帆过尽，爱也好，恨也好；甜蜜亦好，悲凉亦好，凡经历过，亦是种无悔的人生。

1993年，《对照记》完稿。

1994年，《对照记》获得台湾《中国时报》“文学奖特别成就奖”。为此，她拍了一张照片。后来，她将这张照片放在《对照记》再版时的最后一页，并附有一段补写的旁白：写这本书，在老照相簿里钻研太久，出来透口气。跟大家一起看同一头条新闻，有“天涯共此时”的即刻感。手持报纸倒像绑匪寄给肉票家人的照片，证明他当天还活着。其实这倒也不是拟于不伦，有诗为证。诗曰：人老了大都是时间的俘虏被圈禁禁足，它待我还好——当然随时可以撕票，一笑。

她自内省，寥寥数语间，即将华丽的人生搁置到行将谢幕的境地里。

事实上，她的这张照片，亦是她留给世人最后的影像。照片中的她，清瘦，亦已苍颜，但双目仍炯炯有神。就如她说的那般，她手中握着一卷报纸，跟大家是“一起看同一头条新闻”，可是，细看下不由得心惊，那报纸上竟赫然印着“主席金日成昨猝逝”几个黑体大字。

也许，她一早就有所指。

因着为了让《对照记》先出版，原定在1993年完稿的《小团圆》就此耽搁了。而且，这一耽搁竟使得《小团圆》成了个没写完的故事。

张爱玲曾说《小团圆》：“这是一个热情的故事，我想表达出爱情的百转千回，完全幻灭了之后也还有点什么东西在。”然而，就是这个热情的故事，这个她历时20多年创作的故事，直到去世前都没能完成。

之前，这部小说的手稿，未曾曝光过，只有好友宋淇和平鑫涛看过此手稿。不知出于何种原因，张爱玲亦在遗嘱中要求将其销毁。不过，这部折难颇多，几将成为遗憾的作品，还是在张爱玲过世14年之后，由皇冠出版社出版了。

时年，2009年2月26日。

终还是圆了张爱玲那千千万万忠实读者一个梦，在这本书里，大家可找到许多关于她的真实故事，那些真实存在过的，而今已无法触及的故事。

真好，读之、阅之，皆是那般暖人心！

尾篇

一意孤行的苍凉

1995年5月，久不联系林式同的张爱玲，突然写信要求搬家。说想搬到亚利桑那州的凤凰城，或内华达州的拉斯维加斯。

不过，这一次林式同没似往常那般帮她安排。因为，她说的那两个地方都是沙漠，他认为年老体弱的她受不了那样的气候。不多久，她又致电他，说皮肤病犯了，连衣服都不好穿，整日要照紫外线灯。她问他可否在洛杉矶找一处新建的房。林式同答应了她，不过要等到7月房租到期。

这之后，张爱玲再也没有联系过他，他亦没多想和多问。为免给她带来不必要的惊扰，他也没有去询问房子租住的事。只是，令他没想到的是，这竟是他们最后一次通话。

1995年中秋节前夕，林式同刚回到家，正准备坐在沙发上看报纸，突然接到一通急促的电话。电话那头是张爱玲房东的女儿，她说："你是我知道的唯一认识这个中国女子的人，所以我打电话给你，我想她已经去世了。"

听后，他急忙拿着张爱玲寄给他的那份遗嘱赶往她租住的罗切斯特街公寓。赶到后，他看见警察和房东正在忙碌。法医鉴定说，距离张爱玲死亡已有六七天了，死因是心血管疾病。

他向警察告知了自己的身份，进到张爱玲的房间。

一切都那么静谧安详，她着一件赭红色旗袍，安静地躺在一张行军床上，身体下垫了一条蓝灰色的毯子。身上没盖任何东西，头朝着房门，脸朝外，眼和嘴都闭着，手脚自然平放着。出奇地瘦，但表情至为安详。房间里用来保暖的灯还亮着。

靠门的折叠桌上，放着一个手提包，里面井然有序地摆放着她的各种证件和信件；地上摆放着许多纸袋，零零散散地还摆着一些她的作品和台港寄来的报纸、杂志，很显然，她整理过这里。或许，死前，她亦有感应，她把所有的东西都放好，只带着她那颗孤寂的灵魂离开。

她擅写皓月，自身却不得团圆。

就这样，在1995年中国人传统的中秋节前日，她于美国洛杉矶的寓所内悄然谢世，直到生命终结，都未让任何人知晓。她素来不允许自己成为任何人的麻烦和负担。

由此，有人赞叹她说："这是种最有尊严的死法，是她主动选择的。"

亦有人唏嘘道："张爱玲踏着明月，独自梦回上海滩，用热泪洗刷那些苍凉的记忆，让东方的最新风景涤荡着自己孤独的情怀……"

于我，她至死方休，永远是那个风姿绰约在40年代的上海滩衣着旖旎、正大仙容的惊艳文坛的女子。所以，对于她我永远怀着一份"高山仰止，景行行止，虽不能至，然心向往之"的心情。

诚然，她永远是胡兰成口中那个天上才有的人。所以，我们尽管从那些月夜、阴柔，从那苍凉的眸子中，看见了满满的孤独及刺骨的寒凉和怆然，然而，"张爱玲不是远去了，她避开了穿人民装的时代，成为一个完整的旧人，虽生犹死，虽死犹生"。

如是，所有的苍凉，只属于她和她挚爱着的那个"五更三点望晓星，文武百官上朝廷，东华龙门文官走，西华龙门武将行，文官执笔安天下，武官上马定乾坤"的皇丽艳稠的时代。

胡兰成说，"张爱玲从不牵愁扯恨"，所以，她尽管离开得孤寂苍凉，但是我们却看不到她一丝一毫的感伤。

离开，即是永生。

1995年9月30日，林式同和她生前的诸位好友一起，将她的骨灰撒入太平洋中。这一天，恰巧是她75岁生日。

自此，这个如烟花般绚烂过的女子，以干净凛厉的姿势走完了她有着苍凉底色的一生。可是，在世人的心中，她永远是那个一身傲骨的女子，且自始至终都不见一丝一毫的凌乱。

一个人苍凉，又如何，难的是成了一个无可替代的永不落幕的传奇！

附录

张爱玲年表

1920年，出生

9月30日，出生于上海麦根路（今康定东路），原籍河北丰润，原名张瑛，10岁时改名张爱玲，曾用笔名梁京。

父亲张志沂（1896—1953），清末著名“清流派”代表张佩纶的儿子；母亲黄逸梵（素琼）（1893—1957），南京军门黄翼升的孙女。

祖母李菊耦，为慈禧心腹中堂李鸿章之女。

1921年，1岁

12月21日，弟弟张子静出生。

1922年，2岁

张志沂任天津津浦铁路局英文秘书，全家迁至天津32号路61号大宅。

1924年，4岁

进入私塾学习，在读诗背经的同时，开始小说写作。同年，姑姑张茂渊（1898—1991）和母亲黄逸梵一同赴英国留学。

1926年，6岁

张志沂遂将所纳之外室，一个绰号老八的妓女接到家中，并沉迷于鸦片。

1928年，8岁

张爱玲全家迁回上海，不久母亲黄逸梵从英国回国。张爱玲跟随母亲学习绘画、钢琴和英文。写过一篇乌托邦式的小说《快乐村》。

1930年，10岁

母亲黄逸梵坚持送她进学校上学，为此与丈夫大吵一场，随后带着她跑到黄氏小学，正式改名为张爱玲，“张爱玲”为英文“Eileen”的音译。

同年，父母离婚，张爱玲跟随父亲生活，居住在宝隆花园（今延安中路740弄10号）。母亲黄逸梵和姑姑张茂渊同居住在法租界白尔登公寓（今陕西南路213号）。

1931年，11岁

张爱玲进入美国圣公会所办的贵族学校圣玛利亚女中（今长宁路1187号）就读，并且开始阅读《红楼梦》。

1932年，12岁

在圣玛利亚女中校刊《凤藻》上，发表了她的短篇小说处女作《不幸的她》。

1933年，13岁

在圣玛利亚女中校刊《凤藻》上发表她的第一篇散文《迟暮》。

画了一幅漫画，寄给上海《大美晚报》发表，并收到报社寄给的第一笔稿费5元钱，为自己买了一支小号丹琪口红。

写了生平第一篇长篇章回小说《摩登红楼梦》，父亲为她拟了回目。

1934年，14岁

父亲张志沂与民国政府前总理孙宝琦之女孙用蕃结婚，婚礼在国际饭店举行。

夏天，升入圣校高中。

1937年，17岁

从圣玛利亚女中毕业。

其间，在《国兴》刊载小说《牛》《霸王别姬》及《读书报告叁则》《若馨评》，《凤藻》刊载《论卡通画之前途》。

其间，母亲第二次出国归来，张爱玲因躲避日寇炮火到母亲家住，遭父亲毒打。

1938年，18年

旧历年前，趁父亲不注意，在女佣何干的帮助下，逃出父亲的家。转而投入母亲黄逸梵的怀抱。

1939年，19岁

获得伦敦大学奖学金，准备前往留学。不久“二战”爆发，被迫改入香港大学文学院，并在此结识了终生朋友，斯里兰卡女子炎樱（Fatima Mohideen）。

1940年，20岁

4月16日，《西风》月刊3周年征文比赛揭晓，《我的天才梦》获名誉奖第3名。

1942年，22岁

香港沦陷，香港大学停课，张爱玲被迫中断学业，回到上海，进入美国圣公会中国差会主办的圣约翰大学就读，但是两个月后因经济窘困而辍学。从此她选择以文学创作为生，并开始为英文《泰晤士报》写剧评、影评；替德国人办的英文杂志《二十世纪》写《中国人的生活与服装》（*Chinese life and Fashions*）。当时她租住在赫德路爱丁顿公寓（即常德公寓，现址上海市常德路195号）51室（1942年迁至65室），与姑姑张茂渊为邻。

1943年，23岁

张爱玲结识了上海著名作家和编辑周瘦鹃，并受其赏识。

1943年—1944年，23岁～24岁

连续发表多篇中短篇小说，在《紫罗兰》杂志连载中篇小说《沉香屑：第一炉香》《沉香屑：第二炉香》；《杂志》月刊刊载《茉莉香片》《到底是上海人》《倾城之恋》《金锁记》；《万象》月刊刊载《心经》《琉璃瓦》；《天地》月刊刊载《散戏》《封锁》《公寓生活记趣》；《古今》月刊刊载《洋人看京戏及其他》《更衣记》，包括《沉香屑：第一炉香》《倾城之恋》《心经》《金锁记》等，引起轰动，在沦陷时期的上海一举成名。

1944年，24岁

结识汪精卫伪政权的宣传部次长、作家胡兰成（1906～1981），并与之交往。其实自1942年起，胡兰成便一直与上海极司非尔路76号特工总部警卫队长吴四宝遗孀佘爱珍有染。

8月，胡兰成与两位夫人离婚后，与张爱玲在上海结婚（婚礼上只有炎樱和胡兰成的侄女胡青芸在场）。不久，胡兰成前往武汉办报，在医院期间结识一名16岁的护士周训德，并与之同居。

1945年，25岁

8月，日本投降，胡兰成化名张嘉仪，逃亡至浙江温州，任教于温州中学。在流亡期间，胡兰成与范秀美同居。

1946年，26岁

2月，张爱玲前往温州探视胡兰成，与胡兰成因为情人之事发生争吵，最后黯然回上海。

与电影导演桑弧合作，写作《不了情》《太太万岁》等剧本，颇为成功。

1947年，27岁

6月10日，张爱玲写信与逃亡中的胡兰成分手。

11月，《传奇》（增订本）由山河出版公司出版，炎樱设计封面。

1948年，28岁

以“梁京”的笔名，在上海《亦报》连载《十八春》（后改名为《半生缘》）。

1949年，29岁

5月27日，上海解放，张爱玲继续留在上海。

1950年，30岁

夏，张爱玲曾经跟随上海文艺代表团到苏北农村参加“土改”两个月，但由于无法写出相关作品，颇感困惑。她感到与当时的社会环境格格不入，加之与胡兰成的关系，她面临着极大的政治压力。

1951年，31岁

11月，《十八春》由上海《亦报》社出版单行本。

1952年，32岁

7月，张爱玲声称要“继续因战事而中断的学业”，只身离开内地，迁居至香港。随后就职于美国新闻处（United States Information Service）。在港期间，张爱玲结识毕生挚友宋淇夫妇。在宋淇力捧下，成为电懋的编剧主力之一。

1953年，33岁

父亲张志沂在租住的上海江苏路285弄28号吴家小客厅去世，终年57岁。

1955年，35岁

离港，赴美国定居。

1956年，36岁

3月到6月，生活窘迫的张爱玲居住在新罕布什尔州彼得堡的麦克道威尔文艺营（MacDowell Colony），在此她结识了65岁的左翼剧作家赖雅（Ferdinand Reyher）并怀孕。

同年8月14日，两人结婚。但由于各种原因，张爱玲在寓所进行了人工流产。

1957年，37岁

母亲黄逸梵在英国伦敦去世，终年64岁。因经济状况，张爱玲没有前去参加葬礼。

1960年，40岁

7月，张爱玲成为美国公民。

1961年，41岁

到香港和台湾寻求机遇，这是她有生之年唯一一次造访台湾。张爱玲先到台北，在作家王祯和的陪同下到花莲观光。中途赖雅在美国中风，被迫中断台湾之旅。

为寻得合作，她转机香港。因创作《红楼梦》剧本，而滞留在香港。后来，种种原因，《红楼梦》剧本未被采纳。

1962年，42岁

年初，回美国，与赖雅移居华盛顿。

1966年，46岁

4月，《怨女》单行本由台湾皇冠出版社出版。

1967年，47岁

10月8日，赖雅去世。张爱玲获邀担任美国雷德克里芙学校驻校作家，并且开始将清朝的长篇小说《海上花列传》翻译成为英文。

英文长篇小说*The Rouge of the North*（即《怨女》）在英国伦敦出版。

1968年，48岁

《张爱玲短篇小说集》和随笔散文集《流言》先后在台湾皇冠出版社出版。

1969年，49岁

《半生缘》由皇冠出版社出版。

《皇冠》杂志，发表《红楼梦未完》。

移居加州，受聘于加州伯克利大学。

1973年，53岁

《幼狮文艺》，刊载《初评红楼梦》。

是年秋，定居洛杉矶，于寓所深居简出。

1974年，54岁

台湾《中国时报》人间副刊刊载《谈看书》《〈谈看书〉后记》。

1975年，55岁

完成英译《海上花列传》。

《皇冠》杂志，刊载《二详红楼梦》。

1976年，56岁

散文小说集《张看》由皇冠出版社出版。

《联合报》刊载《三详红楼梦》《〈张看〉自序》。

1977年，57岁

10年心血之作红学专著《红楼梦魇》由皇冠出版社出版。

1979年，59岁

台湾《中国时报》社刊载《色戒》。

1981年，61岁

《海上花列传》由皇冠出版社出版。

1983年，63岁

《惘然记》由皇冠出版社出版。

1984年，64岁

《联合文学》刊载电影剧本《小儿女》《南北喜相逢》。

1986年，66岁

2月，小说集《传奇》由人民文学出版社重新排印，前附作者像。

12月至次年1月，《小艾》在台湾《联合报》副刊连载。

1987年，67岁

《余韵》由皇冠出版社出版。

1988年，68岁

《续集》《表姨细姨及其他》《谈吃与画饼充饥》由皇冠出版社出版。

1989年，69岁

5月，剧本《太太万岁》在台北《联合报》连载。

1990年，70岁

台北《联合报》副刊2月9日刊载《草炉饼》。

1991年，71岁

6月，姑姑张茂渊在上海去世。

7月，《张爱玲全集》典藏版：《流言》《怨女》《倾城之恋》《第一炉香》《半生缘》《张看》《红楼梦魇》《海上花开》《海上花落》《惘然记》《续集》《余韵》由皇冠文学出版有限公司出版。

1992年，72岁

《爱默森选集》由皇冠文学出版有限公司出版。

《张爱玲文集》（四卷本）由安徽文艺出版社出版。

《张爱玲评传》由花山文艺出版社出版。

1993年，73岁

历时3年的《对照记》完成。

《联合文学》刊载电影剧本《一曲难忘》。

1994年，74岁

《对照记》由皇冠文学出版有限公司出版。

1995年，75岁

9月8日，逝世于洛杉矶公寓，恰逢中国的团圆节日——中秋节，享年75岁。

9月19日林式同遵照张爱玲遗愿，将遗体在洛杉矶惠捷尔市玫瑰岗墓园火化。

9月30日张爱玲的生日，林式同与数位文友将她的骨灰撒入太平洋。

图书在版编目（CIP）数据

长的是磨难，短的是人生：张爱玲传 / 桑妮著. —
北京：中国友谊出版公司, 2019.6
ISBN 978-7-5057-4681-7

Ⅰ. ①长… Ⅱ. ①桑… Ⅲ. ①张爱玲（1920-1995）
—传记 Ⅳ. ①K825.6

中国版本图书馆CIP数据核字（2019）第067854号

书名　长的是磨难，短的是人生：张爱玲传
作者　桑　妮
出版　中国友谊出版公司
发行　中国友谊出版公司
经销　新华书店
印刷　三河市冀华印务有限公司
规格　880×1230毫米　32开
　　　9印张　196千字
版次　2019年10月第1版
印次　2019年10月第1次印刷
书号　ISBN 978-7-5057-4681-7
定价　42.00元
地址　北京市朝阳区西坝河南里17号楼
邮编　100028
电话　（010）64678009

如发现图书质量问题，可联系调换。质量投诉电话：010-82069336